Conseillère éditoriale : Sophie Carquain
Maquette : Émilie Guillemin
Illustrations : Mathou

29 boulevard Raspail
75007 Paris – France
ISBN : 979-10-285-0398-7

Aurélia Dubuc

Illustrations de Mathou

Tous les
bons conseils
des copines sur
la maternité

Les filles, je suis enceinte !

LEDUC.S
EDITIONS

À vous trois

Sommaire

Avant de commencer…

Certaines femmes ADORENT être enceintes. À les écouter, si elles pouvaient, elles ne feraient que ça. Pas moi. Ma princesse, mon grand et mon petit koala sont au courant, ils ne m'en voudront pas. Je n'ai jamais vécu la grossesse comme cet état de grâce ultime que semblent aujourd'hui vouloir nous vendre les médias. Oui, elles resplendissent, ces actrices montant fièrement les marches de Cannes avec leur gros ventre. Mais pour avoir été enceinte en même temps que Blake Lively (la belle blonde de *Gossip Girl*), je l'ai maudite à chacune de ses apparitions. À elle les tuniques moulantes et les jambes interminablement fuselées, à moi le jean et les pulls informes pour loger mon énorme bidon. Mais j'y reviendrai. Sur mon énorme bidon et sur cette fichue Blake Lively.

Tout ça n'a pas empêché ces 3 x 9 mois d'être jalonnés de shoots de bonheurs intenses. Mais en dehors de ces fulgurances (le test de grossesse positif, son apparition sur l'écran d'échographie, ses premiers coups de pied), soyons honnêtes : attendre un bébé, c'est surtout un cocktail souvent explosif d'émotions paradoxales. Prenez de la sérénité, de l'inquiétude, de la fatigue, de l'impatience puis des craintes à l'approche du jour J. Ajoutez des bobos pas graves mais franchement pas glamour. Mixez le tout : vous obtiendrez ce que connaissent la plupart des femmes. Sans oublier celles qui en bavent vraiment, accumulant les vrais pépins et les grosses angoisses.

Mais pour l'instant, une seule chose compte : ça y est, vous êtes enceinte ! Impossible de prévoir comment ça va se passer. D'ailleurs, c'est aussi ce qui fait toute la magie de la chose. Et puis, c'est une bonne façon d'apprendre le lâcher-prise. Vous verrez, par la suite, quand on est parent, ça aide !

Je vous souhaite la plus douce des grossesses, comme à toutes mes copines. Et je vous fais une promesse. C'est ce que j'aurais dit à ma sœur si je n'avais pas été enfant unique. C'est ce que j'assure à mes copines Stéphanie et Marie quand elles m'expliquent à quel point la grossesse les terrifie. C'est ce que je dirai à ma fille quand le moment sera venu :

… Quoi qu'il puisse arriver durant les neuf mois qui viennent, tout sera instantanément oublié quand votre bébé plantera ses yeux dans les vôtres pour la première fois. Absolument tout !

En attendant, j'espère que ces conseils, ces anecdotes et ces témoignages de copines vont vous aider à vivre cette grande aventure le plus sereinement possible. L'idée est de contribuer à vous rassurer et à vous guider dans vos choix. Uniquement vous guider. Car au final, c'est à vous de décider, depuis le prénom de votre bébé, jusqu'à la position dans laquelle vous aimeriez accoucher.

(PS : votre partenaire a évidemment lui aussi son mot à dire ! Mais sa mère et votre sœur, non !)

Faites-vous confiance, vous allez assurer. Et même les jours où vous n'assurerez pas du tout (ou que vous en aurez l'impression), rappelez-vous : tout sera instantanément oublié quand votre bébé plantera ses yeux dans les vôtres pour la première fois. Et toutes les fois suivantes. Absolument tout !

DEUX CHOSES À PRÉCISER

Je vais parler en semaines d'aménorrhée (SA), comme le feront votre médecin et votre sage-femme. En France, les bébés à terme arrivent après 41 semaines d'aménorrhée, soit 41 semaines après le 1er jour des dernières règles. Cela équivaut à 39 semaines de grossesse. Je précise en France car les Américains estiment que bébé est à terme après 40 semaines d'aménorrhée. Voilà pourquoi de l'autre côté de l'Atlantique, quand bébé tarde à montrer le bout de son nez, on peut facilement laisser passer 8-10 jours avant de déclencher l'accouchement. Ici, on attend beaucoup moins (voir p. 217, le chapitre « Et s'il joue les prolongations ? »).

Quand j'écris « le futur papa » ou « votre homme », c'est une façon de parler. Nous ne passons pas toute notre grossesse aux côtés du papa biologique de notre bébé. Certaines la vivent avec un autre homme. D'autres sont seules, par obligation ou par choix (comme ma copine Paule). D'autres encore aiment les filles (comme ma cousine Virginie).

Portrait de famille

La grande blonde. Fille unique rêvant de famille nombreuse, je ne m'étais jamais occupée d'un bébé avant d'avoir ma princesse. Et pourtant, j'ai eu la chance de me sentir instantanément à l'aise avec elle, dès la première tétée. Journaliste depuis presque toujours, essentiellement pour la presse féminine et parentale, je me serais tout aussi bien vue médecin ou pilote de course. Seulement, pour ça, il aurait fallu être meilleure en calcul de courbes. Accro à mon agenda et à mes longs bains, j'aime croquer du chocolat, fredonner du Véronique Sanson – même si mon entourage me l'interdit formellement – et lire des histoires à mon petit koala. J'attends avec impatience de rerererevoir la saga *Star Wars* avec lui.

Le (beau)-papa. Partenaire de shopping privilégié de ma princesse, il a fait aimer les films et les séries en VO à mon grand. Un précieux soutien dans leur éducation, donc. Gérant d'une structure faisant rimer « culture » avec « économie solidaire et sociale », il aime boire des vins naturels, écouter les Smith et préparer des petits plats à notre petit koala. Il attend avec impatience de construire des Lego® *Star Wars* avec lui.

Ma princesse. Bébé roux à la tête un peu bizarre, elle a eu la chance de naître à la maternité parisienne des Bluets* avec l'aide d'une sage-femme prénommée Virginie. Quand on se souvient du prénom de sa sage-femme, 18 ans après, c'est bon signe : ça en dit long sur la qualité de son accompagnement durant l'accouchement. À présent, ma princesse ressemble à un top model en bonne santé, sa blondeur vénitienne fait rêver tous les coiffeurs. Signe caractéristique : elle décline souvent le vidage du lave-vaisselle pour cause de manucure fraîche. Plus tard ? Elle se verrait bien sage-femme.

Mon grand. Bébé tout chevelu, il est né dans une maternité toulousaine qui a fermé depuis. Quand je repense aux sages-femmes, je me félicite d'avoir vomi sur elles mon chili con carne de la veille sous l'effet des contractions. Et ça, ça ne dit rien de bon sur l'accouchement. Mais ce mauvais souvenir a laissé place à un beau jeune homme, en pleine forme du haut de son 1,90 m. Même si monter un étage pour aller chercher son sac de lycée oublié dans sa chambre semble parfois au-dessus de ses forces. Plus tard ? Il travaillerait bien dans le cinéma.

Mon petit koala. Bébé têtu qui s'est retourné au tout dernier moment, il est né le jour anniversaire du Débarquement, origines normandes obligent. Le séjour à la clinique n'a pas duré, j'étais comme à chaque fois pressée de rentrer à la maison. Portrait craché de son papa avec ses grands yeux curieux et sa petite fossette au menton, il a tout de même hérité de la blondeur maternelle. Plus tard ? Ses goûts actuels feraient pencher pour une carrière de musicien ou de critique gastronomique.

---

* L'accouchement dit sans douleur a été développé par le Dr Lamaze dans les années 1950 à la maternité des Bluets (Paris, XIIe arrondissement). (NdA)

Brooklyn the Cat. Chaton forcément tout mignon, il est né à Pézenas d'une belle Norvégienne blanche qui avait fauté avec le chartreux des voisins. Si sa beauté est toujours aussi incontestable, son intelligence suprême / sa bêtise extrême suscitent régulièrement des débats. Brooklyn the Cat a vécu une grossesse difficile, jaloux de ce gros ventre qui l'empêchait de squatter mes genoux devant l'ordinateur. Il partage son territoire avec Gribouille, tout aussi grise mais deux fois plus mince. Plus tard ? Monsieur se rêve star de la sphère LOLcat. Mais il passe bien trop de temps à dormir ou à surveiller les tentatives d'approche du petit koala pour gérer sa carrière convenablement.

PREMIER TRIMESTRE

1

Petit point agenda côté bébé

Le premier mois

Les papillons dans le ventre. Les lèvres qui s'effleurent. Les langues qui se mêlent. Les corps qui s'emmêlent. Les jolis moments. Les moins jolis. L'envie de les surmonter. Parce que cette fois, c'est différent. Et puis, pour beaucoup de couples, l'envie d'enfant, qui arrive plus ou moins vite. Parfois, elle n'a même pas le temps d'être verbalisée que c'est déjà fait. D'autres, au contraire, ont besoin d'un petit coup de pouce en laboratoire. Mais quelle que soit la façon dont commence l'histoire, la suite des événements est invariable.

À l'issue d'une haletante course de vitesse, le meilleur des spermatozoïdes rencontre l'ovule. C'est du moins la version que nous ont donnée les profs de SVT au collège. Vous vous rappelez ? Non ? Je vous rassure, mes souvenirs sur le sujet étaient aussi devenus assez flous. Pour résumer donc, dix heures après cette rencontre décisive (la fécondation), une cellule œuf constituée à parts égales des patrimoines génétiques des deux parents est prête à se lancer dans la grande aventure de la vie (la division cellulaire). Tout en continuant encore et encore à se diviser, la cellule œuf en question se laisse glisser le long de la trompe jusqu'à l'utérus. Elle y flotte un peu, le temps de se trouver un coin confortable et bien oxygéné dans l'endomètre (la paroi de l'utérus) où se nicher douillettement. Sept jours après la fécondation, notre précieux œuf compte environ 200 cellules et porte le nom de blastocyste. Les trois semaines qui suivent, il grossit à une vitesse phénoménale et interagit avec l'endomètre pour mettre en place le placenta. En un mot, il devient un embryon. Son cœur se met à battre. Vite, très vite. Passée l'émotion quand vous l'entendrez pour la première fois, vous serez certainement surpris par son rythme endiablé : entre 130 et 160 battements par minute ! À titre de comparaison, celui des adultes bat généralement entre 60 et 100 battements par minute.

Vous serez certainement surpris par son rythme endiablé : entre 130 et 160 battements par minute !

Pour rappel, si quatre semaines se sont écoulées depuis la fécondation, vous en êtes déjà à six semaines d'aménorrhée (6 SA). Je le précise car je suis très branchée agenda. Monsieur pourrait témoigner, il sait qu'un « point-agenda » va lui tomber dessus à un moment ou à un autre, week-end après week-end. Je n'y peux rien, tout consigner dans mon précieux carnet et le consulter régulièrement apaise mon tempérament anxieux. Autant vous dire que sitôt le test de grossesse positif, je me suis empressée d'y écrire 1 SA, 2 SA, 3 SA… Autant de balises qui, une fois cochées, me rapprochaient un peu plus de l'arrivée tant attendue de mon petit koala.

Ses mensurations ? À la fin de ce premier mois, votre joli mini haricot mesure quasiment 4 millimètres.

Le deuxième mois

Le petit loulou qui prend ses marques dans votre ventre a gagné ses galons d'embryon. Même s'ils sont encore très loin d'être opérationnels, tous ses organes vitaux sont maintenant en place. Son squelette commence à s'ossifier, ses muscles s'ébauchent. Sa circulation sanguine et son système nerveux se mettent tout doucement en route. Bientôt, ses cellules sensitives lui permettront de « goûter » le liquide amniotique. Pour l'instant, il se contente d'y flotter. Mais votre cosmonaute n'a pas besoin de casque : tel un gros coussin, le liquide amniotique amortit les pressions et les chocs éventuels. Ses mouvements, très légers, sont d'ailleurs eux aussi absorbés par l'Airbag maternel. Tout comme ses hoquets. Il vous faudra encore patienter de longues semaines avant de pouvoir les sentir sous vos doigts.

Il vous faudra encore patienter de longues semaines avant de pouvoir les sentir sous vos doigts.

Vous en êtes maintenant à 10 semaines d'aménorrhée (10 SA) et vu de loin, votre petit habitant ressemble de plus en plus au bébé que vous tiendrez dans vos bras. Fini les doigts et les orteils palmés. Ses bras et ses jambes se sont allongés, on distingue même les articulations de ses genoux et de ses coudes. Les membranes qui recouvraient ses globes oculaires ont cédé la place à de vraies paupières. Les pavillons de ses oreilles sont bien dessinés, même s'ils sont encore implantés très bas, près de son cou. Sa tête est tellement penchée en avant que son esquisse de menton touche sa poitrine. On dirait qu'il entraîne le haut de son dos à être penché continuellement sur son Smartphone. Mais c'est la maman de grandes tiges lassée de répéter « Redresse-toi tu vas être voûté(e) » qui parle. Non, sa drôle de position s'explique très physiologiquement : pour l'heure, l'arrière de son cerveau grossit juste un peu plus vite que le reste.

Ses mensurations ? À la fin de ce deuxième mois, votre adorable têtard mesure à peu près 40 millimètres et pèse aux alentours de 10 grammes.

Le troisième mois

Dans le langage médical, l'objet de toutes vos pensées est passé du stade d'embryon à celui de fœtus. Mais du côté de votre ventre, on n'a pas de temps à perdre avec la sémantique. On est bien trop occupé à sucer son pouce, à froncer ses sourcils et à replier ses doigts quand le cordon ombilical les frôle. Un réflexe archaïque (le grapping) que les bébés conservent encore quelque temps après la naissance et qui témoigne de leur bon développement neurologique.

Les traits de son visage sont de plus en plus harmonieux. Ses yeux et ses oreilles prennent leur place définitive, son menton, son nez et ses lèvres s'esquissent. Ses gencives accueillent les bourgeons de ses dents de lait. Ses ongles entament leur croissance et son corps tout entier se recouvre tout doucement d'un fin duvet, le lanugo. Sa peau, même si elle reste quasi transparente, commence à se pigmenter.

Son appareil digestif est maintenant opérationnel : son foie peut assimiler les nutriments apportés par le cordon ombilical. Avaler un peu de liquide amniotique, parfumé par votre propre alimentation, aide votre bébé à développer son goût et son odorat.

Ses reins et son système urinaire ont eux aussi commencé à fonctionner. Ils peuvent filtrer et rejeter le liquide ingéré.

Mais ce mois-ci, le plus marquant, c'est probablement la formation de son appareil génital. Garçon ou fille, c'était déjà déterminé le jour même de la fécondation. Mais il n'y avait encore aucune différence anatomique visible. À présent, les ovaires ou les testicules sont formés, tout comme l'utérus, les trompes, le vagin ou le pénis. Les échographistes les plus téméraires s'essayent donc à deviner le sexe de l'enfant. Pas d'emballement ! La marge d'erreur de lecture est encore assez large à ce stade. Il y a peu, j'ai souri en retombant sur un texto adressé à mon meilleur ami où je lui apprenais que mon petit koala était une fille !

Garçon ou fille, c'était déjà déterminé le jour même de la fécondation.

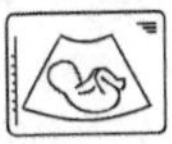

Ses mensurations ? À la fin de ce premier trimestre, votre grande crevette mesure 70 millimètres de la tête au coccyx, soit à peu près 100 millimètres de la tête aux talons, et pèse environ 65 grammes.

La patte de Brooklyn the Cat

J'ai su qu'il se passait quelque chose de bizarre dans le ventre de la grande blonde avant même qu'elle n'en parle autour d'elle. Nous les chats, on est doués pour sentir ces choses-là. Bon, d'accord, les chiens aussi.

LE SAVIEZ-VOUS ?

Même si votre bébé est encore bien petit, l'utérus qui l'accueille n'est guère plus grand que lui. La nature étant bien faite, au fil des mois, son habitat provisoire s'élargira en même temps que lui. Mais il ne sera jamais assez vaste pour qu'il puisse s'y étendre totalement.

Pour le mesurer de la façon la plus fiable possible et ainsi dater très précisément le début de la grossesse, les échographistes ont donc pour habitude de mesurer le fœtus du sommet de la tête au coccyx. Dans leur jargon, c'est la longueur cranio-caudale ou LCC (en millimètres). Vous retrouverez cette abréviation dans les comptes rendus d'échographie.

2

Petit point agenda côté maman

Les deux premiers mois

- **Avant 10 SA.** Test de grossesse positif = rendez-vous chez le gynécologue pour confirmer et dater la grossesse ! Votre médecin va en profiter pour vous interroger sur votre passé médical, celui du futur papa et de vos familles respectives, ainsi que sur vos conditions de vie. Il va aussi prendre votre tension, vous peser, examiner vos seins, procéder à un examen gynécologique, vous faire un frottis si le dernier remonte à plus de 2-3 ans… Pour limiter les risques de *spina bifida*, il va vous prescrire une supplémentation en acide folique (vitamine B9). Il faudra en prendre jusqu'à la fin du premier trimestre. Et vous allez aussi repartir avec une ordonnance pour une analyse d'urine (glycosurie, protéinurie) et une analyse de sang très complète (détermination de votre groupe sanguin avec rhésus, sérologie de la toxoplasmose, de la rubéole, de la syphilis…).

Avec votre accord, il va y ajouter le dosage de marqueurs sériques afin de procéder au triple test (voir l'encadré), ainsi que la recherche de sérologie VIH. Très important aussi : il va vous remettre un formulaire de déclaration de grossesse (page rose à envoyer à l'Assurance maladie, page bleue à envoyer à la CAF), ainsi qu'une attestation de grossesse. Un conseil : photocopiez cette attestation, ou mieux, scannez-la pour l'envoyer par e-mail autant de fois que vous en aurez besoin. En avoir plusieurs exemplaires sous la main peut s'avérer utile.

- **Entre 11 et 13 SA.** Première échographie (voir p. 65, le chapitre « Première rencontre… par écran interposé »). Premières grandes émotions !

Pensez à...

- Mettre à jour votre **carte Vitale**.

ZOOM SUR LE TRIPLE TEST

Ce dépistage vise à déterminer si la grossesse doit ou non être considérée « à risque ». Il est conseillé mais non obligatoire. Pour le petit koala, j'ai dit oui (pour les deux grands cela n'existait pas encore) : le triple test ne fait courir aucun risque au fœtus et j'aime toujours bien savoir où je vais. Ce triple test, comme son nom l'indique, combine trois données différentes afin d'évaluer le risque d'anomalie chromosomique (la trisomie 21 bien sûr, mais pas que). Ces données sont : votre âge, la mesure de la clarté nucale, évaluée lors de la première échographie, et le dosage de marqueurs sériques, obtenu par une analyse de sang. Si le score obtenu laisse supposer qu'il y a un risque d'anomalie chromosomique, le médecin propose des examens plus poussés (biopsie du trophoblaste, amniocentèse).

Le troisième mois

- **Avant 15 SA.** Nouvelle consultation prénatale, avec le gynécologue ou la sage-femme. Pour rappel, une seule consultation prénatale est obligatoire avant la fin du premier trimestre. Mais dans les faits, il y en a souvent une avant 10 SA et une autre avant 15 SA, à la suite de la première échographie. Le praticien va reprendre votre tension, vous peser de nouveau, vous prescrire une analyse d'urine (glycosurie, protéinurie) et revérifier les sérologies de la toxoplasmose et de la rubéole, si elles étaient négatives la dernière fois. C'est le moment ou jamais de poser toutes les questions qui vous sont passées par la tête (écrivez-les au fur et à mesure). Il n'y a pas de question bête : pour votre médecin qui a suivi des dizaines et des dizaines de grossesses, tout cela peut sembler évident. Pour vous, pas forcément.

  Il n'y a pas de question bête.

- **Avant 15 SA.** Si ce n'est pas encore fait, il faut déclarer votre grossesse à l'Assurance maladie et à la CAF. Faire toutes ces démarches après la date butoir vous compliquerait considérablement l'existence…

Pensez à...

- **Demander une Carte familiale de priorité à votre CAF**, par mail ou sur papier libre, en joignant une photocopie de votre attestation de grossesse. Cette carte vous donnera la priorité dans les transports publics, aux guichets des administrations… Personnellement, je n'ai jamais pris le temps de le faire et ça ne m'a jamais manqué. Quelque part, ça me gênait d'avoir besoin de ce petit bout de papier pour susciter de la bienveillance chez mes voisins de tram ou à La Poste. Mon côté utopiste, sûrement !

- **Vous inscrire à la maternité**. Certaines peuvent très vite afficher complet dans les créneaux qui vous concernent (voir p. 71, le chapitre « Accoucher, oui, mais où ? »).

- **Bien prendre vos comprimés d'acide folique.** Une supplémentation qui, jusqu'à la fin du premier trimestre, réduit considérablement les risques de *spina bifida*.

POUR OU CONTRE LE VACCIN CONTRE LA GRIPPE ?

Les recommandations actuelles plaident en faveur de la vaccination, quel que soit le stade de leur grossesse. La fièvre provoquée par la grippe peut en effet notamment augmenter le risque de fausse couche et d'accouchement prématuré. Je me suis fait vacciner les trois fois et j'ai toujours encouragé mes copines à le faire, rassurée par les nombreuses études* sur le sujet.

À noter : la vaccination anti-grippe est prise en charge à 100 % pendant la grossesse.

* En 2013, une étude portant sur 74 000 femmes enceintes et publiée dans la revue *Obstetrics & Gynecology* a confirmé l'absence de risques obstétricaux.

ÇA VA SE PASSER COMMENT, LES REMBOURSEMENTS ?

Jusqu'à la fin du 5e mois : les trois premières consultations prénatales obligatoires, les séances de préparation à la naissance et à la parentalité, les examens biologiques complémentaires, et au besoin les dépistages des maladies génétiques (caryotype fœtal, amniocentèse), sont pris en charge à 100 %. Les deux premières échographies sont prises en charge à 70 %. Tous les autres frais médicaux sont remboursés aux taux habituels.

Du 6e mois de grossesse jusqu'aux 12 jours après la naissance : les quatre consultations prénatales obligatoires restantes sont prises en charge à 100 %. Tous les autres frais médicaux sont remboursés en totalité, même s'ils ne sont pas en lien avec la grossesse. La troisième échographie est remboursée à 100 %. Idem pour d'éventuelles échographies supplémentaires si le médecin suspecte une grossesse pathologique ou une pathologie fœtale. Les remboursements à 100 % s'entendent sur la base des tarifs conventionnels. Les dépassements d'honoraires restent à votre charge.

Sont aussi prises en charge à 100 % huit séances de préparation à la naissance, à condition qu'elles soient encadrées par un médecin ou une sage-femme.

3

Alors, heureuse ?

> C'est un peu « surnaturel » !

Je pose la question car la réponse n'est pas si évidente en réalité ! Et ça, même quand on rêve d'être enceinte depuis toujours. Alors non, vous n'êtes pas un monstre si une fois le test positif, vous vous demandez si vous avez bien fait. Si vous vous dites que ce serait peut-être finalement plus simple si la vie continuait comme avant. Couver un être humain pendant 9 mois, bien au chaud dans son ventre, il n'y a rien de plus naturel. Et en même temps, quand on y réfléchit bien… C'est un peu « surnaturel » ! Ma copine Stéphanie me disait qu'elle avait eu l'impression de porter Alien dans son ventre du début jusqu'à la fin. Il faut dire que son histoire est un peu particulière. Diagnostiquée stérile, elle avait fini par faire le deuil de la maternité. Mais à 45 ans, son nouvel amoureux lui a fait un bébé. C'est aujourd'hui l'une des mamans les plus radieuses que je connaisse et son magnifique blondinet aux yeux bleus n'a rien d'un alien. Mais il lui aura fallu beaucoup de temps, l'aide de thérapeutes et entendre son fils l'appeler « Maman » pour se sentir maman.

À ce propos, toutes les histoires de vie sont un peu particulières. Voilà pourquoi aucune grossesse ne peut ressembler à une autre et aucune façon de vivre la grossesse ne peut ressembler à une autre. Certaines futures mamans sont euphoriques, d'autres totalement flippées. Certaines se rapprochent de leur propre mère, de leurs frères et sœurs, pour d'autres la grossesse devient une source de tensions dans la famille. Certaines ont envie de crier leur bonheur sur tous les toits et d'afficher fièrement leur gros ventre, d'autres voudraient pouvoir hiberner pendant 9 mois…

Ma copine Sandra, qui n'a pas voulu feuilleter un seul guide de grossesse ni acheter un seul magazine parental, n'est pas une moins bonne maman que moi qui lisais tout ce qui concernait de près ou de loin la grossesse et les bébés. On a le droit de continuer à lire de bons vieux polars et d'acheter la garde-robe de bébé au dernier moment. Tout comme on a le droit de se mettre au tricot et de se refaire l'intégrale de *La petite maison dans la prairie*. Oui, même *La petite maison dans la prairie*.

Stop aux mauvaises ondes !

Personne ne peut prévoir comment vous allez vivre tout ça. Mais je peux vous dire comment éviter de vous faire plomber le moral inutilement.

1. **Fuyez les forums internet.** Et les courriers de lectrices retranscrits à la fin des magazines de presse parentale. On n'a encore rien inventé de plus anxiogène. Je vous parle d'expérience. Exception faite des sites d'associations dédiés à des causes particulières, qui peuvent s'avérer très utiles. Je pense par exemple à *www.cesarine.org*, en cas de césarienne programmée, et à *www.jumeaux-et-plus.fr*, en cas de grossesse gémellaire ou multiple.

2. **Fuyez les copines relous.** Ne me demandez pas pourquoi, mais certaines semblent prendre un malin plaisir à raconter leur grossesse et/ou leur accouchement cauchemardesques. Toujours est-il que vous n'avez pas besoin de ça. Encore une fois, personne ne peut prévoir comment le vôtre va se passer. Et vous remarquerez que seules celles qui ont eu des problèmes parlent de leur accouchement. Celles pour qui tout s'est bien passé ne reviennent pas particulièrement dessus. Du coup, même si les premières restent heureusement une minorité, on peut vite avoir l'impression qu'elles s'expriment au nom de toutes les femmes enceintes !

3. **N'écoutez que d'une oreille.** Tout le monde dans votre entourage va y aller de son conseil et de sa mise en garde. Gonflant ? Assurément. Mais prenez ça comme un entraînement et réagissez comme il faudra le faire (dans l'idéal) face aux colères de votre enfant quand il aura 2 ans : posez des limites fermes – « Je verrai en temps et en heure si je donne le sein/Je ne veux pas que tu touches la prise électrique. » Puis détournez l'attention de votre interlocuteur en changeant de sujet de conversation – « J'ai appris que ça se passait mal avec l'enseignante de votre fils ?/ Oh ! Regarde le chat des voisins qui passe dans le jardin ! » Un conseil qui vaut aussi pour vos échanges avec le personnel soignant. Il ne s'agit évidemment pas de remettre systématiquement en cause leurs préconisations et leurs recommandations. Mais ne vous laissez pas désarçonner par des avis qui relèvent plus de l'opinion personnelle que de réalités médicales. Quand j'étais enceinte de ma princesse, une sage-femme croisée à l'occasion d'une visite de contrôle mensuelle m'avait lancé : « Avec vos bouts de seins, vous aurez du mal à allaiter. » Cela m'avait un peu inquiétée, je tenais à allaiter, et c'était mon premier bébé. Au final, j'ai allaité mes 3 enfants, 2 mois chacun sans aucun problème !

La patte de Brooklyn the Cat

Quand les humains ont un coup de mou, les chercheurs leur conseillent de nous faire des câlins. Des études auraient démontré que ça vous faisait du bien. Ça porte même un nom : la ronronthérapie. Moi, je conseille quand même de nous demander notre avis avant. Surtout si on est un peu jaloux de votre gros ventre.

TROP FATIGUÉE POUR RÉPONDRE…

Vous vous sentez vidée ? Le moindre effort vous épuise et vous piquez du nez dès 21 heures ? C'est pénible mais c'est tout à fait normal (c'est hormonal) et surtout c'est provisoire : souvent très présente les deux premiers mois, la fatigue disparaît des radars à la fin du premier trimestre. Avant de refaire parler d'elle les semaines précédant l'accouchement. Ce que vous pouvez faire ? Levez le pied. Au travail ce n'est pas forcément évident à ce stade de la grossesse. Mais à la maison, demandez de l'aide pour les courses, le ménage… Fermez les yeux sur tout ce qui est fait d'une manière différente de la vôtre et profitez-en pour faire un petit somme. Attention : n'attendez pas que votre partenaire prenne des initiatives, mêmes les meilleurs sont incapables de lire dans nos pensées. Et rares sont ceux qui savent devancer les besoins en termes d'organisation domestique, quand ils ne s'en occupent pas habituellement. Ce serait difficile de le leur reprocher. Bref, pour résumer, déléguez et dormez. Vous pourrez bientôt retrouver un rythme de vie plus normal. (PS : quand je parle de « rythme de vie normal », je parle bien du sommeil. Pour ce qui est de la répartition des tâches, continuez sur cette lancée.)

4

Et contre les nausées, je fais quoi ?

D'après nos grands-mères, beaucoup de nausées annonceraient une petite fille. D'après une étude menée sur moi-même, je vous le confirme : pas l'ombre d'un mal de cœur enceinte de mes fils. En revanche, il y a 18 ans, pour leur grande sœur… Cette thèse s'était plutôt bien vérifiée sur moi, à l'époque !

Mangez au lit

Pour limiter les nausées matinales, la sage-femme m'avait conseillé de ne jamais me lever à jeun. Pendant quelques semaines, j'ai donc dormi avec des petites gourdes de compote de pomme et des biscuits type Petit Lu® sur ma table de nuit. Sitôt les yeux ouverts, je grignotais un peu et j'attendais une dizaine de minutes avant de sortir du lit pour aller prendre un vrai petit-déjeuner. Ça fonctionnait plutôt bien.

Avalez des granules d'homéopathie

Un tube de Nux Vomica de 9 CH, ça ne prend pas beaucoup de place et ça peut faire des miracles. En tout cas, en prendre 3 granules me soulageait rapidement. D'autres réagissent mieux à Ipeca 9 CH, Ignatia 9 C ou encore Sepia 9 CH. Après, malheureusement, sur certaines, l'homéopathie ne semble avoir aucun effet. Mais une chose est sûre, c'est absolument sans danger pour bébé. Alors autant essayer.

Si ça ne suffit pas, d'autres astuces semblent aussi fonctionner :

Buvez de l'eau gazeuse

Si elle est bien fraîche et si vous la buvez à petites gorgées, elle peut diminuer vos sensations nauséeuses. Idem pour le jus de citron frais. Chez certaines, sa seule odeur suffit à couper court à tout écœurement.

Devenez gingembre-addict

Oui oui, je parle du gingembre utilisé en cuisine, et parfois, avant de passer au lit, pour ses prétendues vertus aphrodisiaques. Toutes les études* sont formelles : cette racine est efficace sur les nausées de la grossesse et elle est sans danger pour bébé. La bonne dose ? L'équivalent de 2 g de gingembre séché ou 10 g de gingembre

* "Interventions for nausea and vomiting in early pregnancy" Matthews A., Dowswell T., Haas D. M., Doyle M., O'Mathúna D. P. *Cochrane Database Syst Rev.* 2010 Sep 8;(9):CD007575. Review.

frais (infusé, râpé et saupoudré dans vos plats, coupé en lamelles et croqué…) par jour. Sinon, au début de ma troisième grossesse, ma gynéco m'avait conseillé d'acheter en pharmacie un complément alimentaire : Maternov® grossesse – de la poudre de gingembre pure. Par chance, je n'ai jamais eu besoin d'en prendre.

Essayez la digitopuncture

Il existe un point magique d'acupression à stimuler dès que la nausée pointe le bout de son nez. Il se trouve à trois largeurs de doigts au dessus de la pliure du poignet, sur la face interne de l'avant-bras.

(PS : l'acupression, c'est le même principe que l'acupuncture. Mais au lieu d'utiliser des aiguilles, on appuie avec la pulpe des doigts. Dans ce cas précis, c'est avec le pouce de la main opposée.)

Rassurez-vous, les nausées et les vomissements cessent au deuxième trimestre. Mais si vous êtes vraiment très gênée, parlez-en à votre médecin ou à votre sage-femme. Ils pourront vous prescrire un traitement plus costaud (attention, pas d'automédication). Vomir les premières semaines, ça a beau être banal, ce n'est jamais fun. Et quand c'est quasi non-stop, ça peut provoquer de vraies carences et nécessiter une hospitalisation. Rappelez-vous, on en a beaucoup parlé : Kate Middleton a souffert de cette *hyperemesis gravidarum* pour son fils ET sa fille.

Rassurez-vous, les nausées et les vomissements cessent au deuxième trimestre.

La patte de Brooklyn the Cat

Ma coloc Gribouille, quand elle a un truc qui ne passe pas, elle demande à sortir, elle mange un peu d'herbe à chat et elle recrache illico ce qui la gênait. Si ça peut aider… Moi, je ne le fais jamais, je suis un chat bien au-dessus de tout ça.

5

Je peux ou je peux pas ?

Fumer deux ou trois cigarettes

On va commencer par la question qui fâche vraiment, comme ça, après, on n'en parlera plus. La cigarette ? C'est *no way*. Pas même deux ou trois par jour, pas même pour « éviter au fœtus les méfaits du stress engendré par le manque de nicotine ». Je sais, je suis un peu pénible avec ça. Et c'est vrai, c'est facile de donner des leçons quand on n'est pas soi-même fumeuse. Perso, si on m'avait demandé d'arrêter le chocolat pendant 9 mois, je ne sais pas si j'aurais pu… Alors je ne dis pas que c'est évident, encore moins que celles qui n'y parviennent pas sont les pires futures mamans qui soient ! Mais vraiment, ça vaut la peine d'essayer, au moins. Et c'est faisable, mes copines passées par là en sont la preuve. Elles ont tenu, ne serait-ce que le temps de la grossesse. Chacune à sa façon (voir témoignages p. 42).

La cigarette ?
C'est no way.

Pourquoi ça craint ?

Toutes les études menées depuis des dizaines d'années sur le sujet sont catégoriques : le tabac augmente les risques de grossesse extra-utérine, de fausse couche, de retard de croissance *in utero*, d'accouchement prématuré et de mort subite du nourrisson. Quand la consommation est très élevée, les nouveau-nés peuvent aller jusqu'à souffrir d'un syndrome du sevrage (tremblements, pleurs inconsolables, troubles du sommeil…). Sans compter que fumer pendant la grossesse favorise le développement d'un terrain asthmatique et d'une fragilité ORL chez les enfants. Évidemment, même s'ils sont atténués, les mêmes risques existent en cas de tabagisme passif. Il faut donc aussi fuir la présence des fumeurs.

Et attention : si la nicotine et les goudrons parviennent jusqu'au fœtus malgré la barrière placentaire, il en est de même pour le THC du cannabis ! On en retrouve au moins autant dans le sang du fœtus que dans celui de sa maman. Problème : le THC est directement mis en cause dans le développement de difficultés ou de retards neuro-comportementaux chez les enfants qui y ont été confrontés *in utero*.

Comment je fais, pour arrêter ?

Ne pas réussir à décrocher, que ce soit de la cigarette ou du joint, ça n'a rien de honteux.

Même la meilleure des motivations qui soit ne fait pas toujours le poids face au pouvoir addictif de la nicotine et la force de l'habitude. Les médecins et les sages-femmes en ont de plus en plus conscience. Ce n'est pas pour rien si beaucoup de maternités proposent des consultations anti-tabac. N'hésitez pas à y aller : ne pas réussir à décrocher, que ce soit de la cigarette ou du joint, ça n'a rien de honteux. Se faire aider par des spécialistes montre au contraire à quel point vous êtes attachée au bien-être de votre bébé. Sans oublier que vos interlocuteurs sont tenus au secret médical. Pour vous aider dans votre sevrage, outre une écoute bienveillante, ils peuvent vous proposer :

Des substituts nicotiniques

Bonne nouvelle, si le sevrage est vraiment trop compliqué, vous y avez droit, à condition bien entendu que leur prise soit supervisée par un professionnel de santé.

Côté pratique : durant la grossesse, l'Assurance maladie prend en charge à hauteur de 150 € les traitements par substituts nicotiniques prescrits sur ordonnance.

De l'homéopathie

Deux options : soit vous consultez un homéopathe pour trouver ensemble le traitement qui colle le mieux à votre terrain. Soit vous vous soignez toute seule. Eh oui, avec l'homéopathie, contrairement à la plupart des autres traitements, c'est autorisé ! Voici quelques remèdes* qui ont fait leurs preuves.

Dans tous les cas, pour faciliter le sevrage : prenez 2 granules de Tabacum 5 CH et 2 granules de Nicotinum 5 CH, 3 fois par jour, à distance des repas, aussi longtemps que nécessaire.

Si vous avez des fringales : prenez 2 granules d'Antimonium crudum 5 CH, 3 fois par jour, aussi longtemps que nécessaire.

---

* Remèdes tirés de *Homéopathie, le guide visuel*, Albert-Claude Quemoun, docteur en pharmacie, paru chez Leduc.s, en avril 2016.

Si ça vous rend anxieuse, avec une sensation de boule dans la gorge et tout le reste : prenez 2 granules d'Ignatia 9 CH, 3 fois par jour, jusqu'à amélioration de votre état.

Si vous développez la fameuse « toux du fumeur » : prenez 2 granules de Lobelia inflata 5 CH, 3 fois par jour, jusqu'à amélioration de votre état.

Côté pratique : si vous consultez un médecin-homéopathe, ce que je vous conseille fortement, la consultation sera remboursée sur la base d'une consultation à 23 € et les traitements homéopathiques seront remboursés à 30 % par l'Assurance maladie. Pour trouver un praticien près de chez vous, consultez l'annuaire en ligne du Syndicat national des médecins homéopathes français (SNMHF), *www.snmhf.net*

Des séances d'acupuncture

En stimulant pendant une vingtaine de minutes des points énergétiques très précis basés sur la main, les ailes du nez ou encore le dessus de l'oreille, l'acupuncteur peut vous faire passer l'envie de fumer en une seule séance. Bien entendu, les résultats varient d'une personne à l'autre et certaines auront besoin de davantage de séances. Ce qui est vraiment intéressant, c'est que l'acupuncteur peut aussi agir sur la nervosité et les fringales.

Côté pratique : si vous consultez un médecin-acupuncteur, ce que je vous conseille fortement, vos séances seront prises en charge par l'Assurance maladie (à 70 % du tarif de la consultation sur la base d'une consultation de médecin généraliste si vous êtes dirigée vers l'acupuncteur par votre médecin traitant, à 30 % si vous êtes hors parcours de soins). Pour en savoir plus et obtenir les coordonnées

d'un praticien près de chez vous, consultez l'annuaire en ligne de l'Association française d'acupuncture (AFA), *www.acupuncteur.org*

Des séances d'hypnose

La cigarette est la forme de dépendance qui réagit le mieux à l'hypnose : une seule séance peut suffire. Comment ça marche ? L'hypnothérapeute, qui est le plus souvent médecin ou psychologue, modifie votre état de conscience afin de vous amener dans un état à la fois d'hypervigilance et d'hypermémorisation. Votre esprit n'étant plus parasité par le stress, il est alors plus ouvert et prêt à étudier toutes les suggestions que va vous faire le praticien, comme par exemple « vous détestez la cigarette ». La prochaine fois que vous tomberez nez à nez avec votre paquet de cigarettes, votre cerveau se souviendra inconsciemment de ce qui s'est passé durant la séance et réagira en conséquence.

Côté pratique : si votre hypnothérapeute est conventionné, vos séances peuvent être partiellement prises en charge. Si elles ont lieu à l'hôpital, elles peuvent être intégralement remboursées. Pour en savoir plus et trouver un praticien près de chez vous, consultez l'annuaire en ligne de l'Association française pour l'étude de l'hypnose médicale (AFEHM), *www.acupuncteur.org*

Autre option, allez sur *www.tabac-info-service.fr* ou appelez le 39 89 pour vous faire aider par un tabacologue.

La patte de Brooklyn the Cat

Perso, je n'aime pas les cigarettes électroniques. Invités qui fument dedans = moins d'occasions de m'échapper dans le jardin. Pour les fœtus, il semblerait qu'elles ne soient pas top non plus. Mes copines les souris en ont fait les frais en servant de cobayes à l'Association américaine pour l'avancement des sciences. Verdict : les vapeurs des cigarettes électroniques, avec ou sans nicotine, qu'elles ont inhalées se sont avérées aussi nocives que celles des cigarettes classiques. Alors dans le doute, la grande blonde, elle dit qu'il vaut mieux s'abstenir.

ET ELLES, QU'EST-CE QUI LES A FAIT TENIR ?

» Jessica, maman de Maely, 8 ans

« Je fumais depuis 2 ans et j'étais bien accro. Arrêter une fois enceinte, c'était une évidence, mais ça n'a finalement pas été si évident ! Entre ma gynéco, mon médecin traitant et ma sage-femme, j'ai tout entendu et j'étais un peu perdue : arrêtez progressivement, arrêtez d'un coup, continuez à fumer une ou deux cigarettes par jour pour éviter les pics de stress... Le déclic, c'est quand on m'a expliqué que continuer pouvait rendre ma fille elle-même *addict* plus tard. Le sentiment de culpabilité a été trop fort. Mais c'était dur : mon conjoint fumait toujours autant et nos copains fumeurs ne se gênaient pas en ma présence. Au final, la culpabilité face à la santé de

ma fille m'a vraiment beaucoup aidée, je l'ai utilisée comme un moteur pour ne pas craquer. »

›› Isabelle, maman d'Amélie, 19 ans, et Gaspard, 16 ans

« J'ai commencé à fumer vers 19 ans. Avant de tomber enceinte, j'étais à un paquet par jour. J'avais prévu de passer à une dizaine de cigarettes par jour. Je ne voyais pas l'intérêt d'arrêter si c'était pour stresser et devenir dingue à cause du manque de nicotine. On flippe déjà bien assez comme ça pour un premier bébé. Mon gynécologue a été très intelligent, il m'a encouragée à faire comme je le sentais. J'avais toujours mon paquet sur moi mais j'ai commencé à diminuer sans même m'en rendre compte. À l'époque, je travaillais déjà beaucoup, je passais mes journées sur l'ordinateur. Tenir une cigarette me gênait de plus en plus pour écrire. J'étais dans une rédaction où il y avait beaucoup de fumeurs et au bout de 2 mois de grossesse, pour la première fois de ma vie, l'odeur de cigarette m'a dérangée. Mais le plus bizarre, c'est que je me sentais vraiment gauche avec ma cigarette, incapable de faire des choses que j'avais jusqu'ici toujours faites avec une clope à la main. Résultat, à 3 mois de grossesse, j'avais complètement arrêté. Je n'ai jamais repris. Je crois que ça tient au fait que personne ne m'a jamais mis la pression, à commencer par moi. »

›› Amélie, maman d'Océane, 17 ans

« Je fumais depuis 2 ans. Et même si je n'avais que 17 ans, j'étais accro. Mais arrêter net s'inscrivait dans une démarche presque obsessionnelle de tout faire correctement : pas d'alcool, pas de stress, une alimentation équilibrée... Je voulais le mieux pour mon bébé, j'étais déjà ultra-protectrice (et ça n'a pas changé, au grand désespoir de mon ado). Le regard des autres a aussi compté : étant une très jeune maman, j'avais l'impression que l'on m'attendait au tournant. Ce premier sevrage n'a pas été si compliqué, même si le papa fumait à mes côtés et que je n'avais aucun substitut. L'envie était encore un peu là, surtout à la fin des repas, mais elle passait en quelques minutes. J'ai tenu jusqu'à la fin de l'allaitement, aux 10 mois d'Océane. Ensuite, j'ai recommencé à fumer, boire et manger n'importe comment. J'ai arrêté pour de bon 5 ans après. Cette fois, je l'ai fait uniquement pour moi. La personne de Tabac Info Service qui m'a aidée m'avait expliqué que le taux de rechute était beaucoup plus important quand on ne s'arrêtait pas pour soi. »

Boire une coupe de champagne

Il y a quelques années, j'avais écrit un article sur l'alcool pendant la grossesse. Sans surprise, le médecin interviewé m'en avait confirmé les dangers : boire un peu régulièrement, ou boire exceptionnellement cinq verres dans une soirée, ça peut réellement avoir un impact sur le développement du cerveau du fœtus. Mais trinquer à l'occasion d'un anniversaire ou du jour de l'An ? Très franchement, on n'en sait rien. Aucune étude n'a encore permis de dire à partir de quelle quantité ou de quelle fréquence la consommation d'alcool présentait un risque. Voilà pourquoi, par précaution, il est fortement recommandé de ne pas boire une seule goutte. Champagne, bière, vin, vodka, même combat. Fort ou pas, l'alcool contient de l'éthanol et c'est cette molécule qui pose problème.

> *Champagne, bière, vin, vodka, même combat.*

Pas convaincue ? Vous vous dites qu'après tout, une coupette n'a jamais fait de mal à personne ? Imaginez-vous le soir du réveillon, votre bébé sur les genoux, en train de le faire boire dans votre

verre. Ça ne vous viendrait jamais à l'esprit. Pourtant, boire du champagne maintenant aurait exactement les mêmes effets sur lui. L'alcool traverserait sans problème la barrière placentaire et arriverait directement dans son sang.

Mais alors, on boit quoi à l'apéro ?

Je sais, neuf mois sans alcool, c'est long. Même moi qui bois très peu, à la fin de ma grossesse estivale, je rêvais tous les soirs d'une bière bien fraîche. Mais ce qui m'a peut-être le plus pesé, c'était de ne pas savoir quoi boire à l'apéro. Trinquer à l'eau, c'est quand même super tristouille. Heureusement, en cherchant bien, il y a d'autres options :

À la maison

- ✔ **Du Coca, mais sans sucre et sans caféine**, surtout le soir. On n'en trouve pas toujours facilement, mais ça m'a sauvé quelques soirées.
- ✔ **De l'eau aromatisée.** Faire tremper des feuilles de menthe, des rondelles de concombre, d'orange ou de citron dans une carafe d'eau bien fraîche, ça change déjà tout.
- ✔ **Une tisane glacée.** Vous aimez les infusions parfumées aux fruits rouges ou aux agrumes ? Laissez tremper les sachets dans de l'eau au réfrigérateur pendant quelques heures, le résultat sera délicieusement désaltérant.

En terrasse ou chez des amis

- ✔ **Un jus de fruit**, mais vraiment ponctuellement, sinon gare aux excès de sucre. Pensez aux jus de carotte et aux jus de tomate, plus intéressants d'un point de vue diététique.

✔ **De l'eau gazeuse** avec une rondelle de citron. Mais, attention si vous souffrez de rétention d'eau : chargées en sodium, les eaux gazeuses peuvent aggraver le problème.

Me réveiller avec un café (ou un thé)

Bonne nouvelle, en tout cas pour moi, c'en était une : ni la caféine ni la théine (au final, c'est la même chose), ne sont interdites pendant la grossesse. Dans la limite du raisonnable, évidemment ! L'Organisation mondiale de la santé a fixé cette limite à 300 mg de caféine par jour. Quand on sait qu'un espresso, c'est environ 90 mg de caféine, une tasse de café filtre, environ 180 mg, et une tasse de thé encore moins, ça laisse de la marge. J'ai beau ne pas être très forte en maths, ça me semble même vraiment beaucoup. Perso, étant attachée à mes petits cafés de 7 heures, 10 heures et 13 heures, j'avais opté pour une consommation progressivement dégressive. De trois cafés quotidiens et un Coca sans sucre par-ci par-là en début de grossesse, j'ai terminé à une dose de caféine par jour, soit un café OU un Coca sans sucre. Et oui, un Coca ou un Pepsi, avec environ 35 mg de caféine par canette, ça compte aussi.

(PS : évitez de boire votre thé pendant ou après un repas qui vous apporte du fer, il risque de limiter sa bonne absorption par votre organisme.)

Bronzer

Hormones de grossesse + UV = masque de grossesse (mélasma), surtout quand on est brune. Alors si vous ne voulez pas voir apparaître des taches difficiles à faire partir sur votre front, vos joues et

autour de votre bouche, oubliez les bains de soleil. D'avril à fin septembre, ne sortez pas sans avoir mis de l'écran total de type SPF 50 + sur votre visage. Et si vous passez des vacances au soleil, c'est écran SPF 50 + renouvelé toutes les deux heures + parasol ou chapeau couvrant. Croyez-moi sur parole : même avec de l'indice 50 + on finit par prendre des couleurs. Et c'est une blonde qui vous le dit.

Hormones de grossesse + UV = masque de grossesse.

Aller au spa

Si par spa vous entendez hammam et sauna, oubliez tout de suite. Mais si vous avez entamé le deuxième trimestre et que votre grossesse se passe bien, rien ne vous empêche de vous offrir un bon massage. C'est même hautement recommandé (mais je ne suis pas objective, j'adore ça, enceinte ou non). De plus en plus d'instituts proposent des séances de papouilles spécialement dédiées, sans huiles essentielles (c'est essentiel), mais avec une attention particulière pour les jambes, souvent lourdes, et le bas du dos, souvent douloureux. Bien entendu, vous serez la majeure partie du temps allongée sur le côté et on ne touchera pas votre ventre. Le must du must ? Vous faire offrir une mini-cure de thalasso prénatale entre le 4e et le 7e mois de grossesse.

Repeindre sa chambre

Là, dans l'idéal, il vaut mieux déléguer. Ou garder les murs en état : mon petit koala a une chambre rose et ça n'a jamais eu l'air de le perturber. Malgré les efforts des fabricants, les peintures et les colles sont encore pleines de produits chimiques. Et même en optant pour des labels écologiques, grimper sur un escabeau, ça reste une mauvaise idée.

Assister à un concert

Être allée écouter Miossec à 3 mois de grossesse reste un merveilleux souvenir. Même si les oreilles de mon petit koala n'étaient pas encore assez développées pour profiter vraiment de la musique, j'étais heureuse de partager ce moment avec lui. D'une façon ou d'une autre, il a forcément ressenti ma joie. En plus, les conditions étaient idéales : la salle était petite, le public enthousiaste mais relativement calme, il ne faisait pas trop chaud… Parce qu'évidemment, aller voir un concert avec un gros ventre, ça se réfléchit un minimum. Il faut troquer son gobelet de bière contre une bouteille d'eau. Et opter pour une place assise, de préférence pas trop loin d'une sortie si l'envie de faire pipi ou de se dégourdir les jambes se fait sentir.

Prendre des médicaments

L'idée n'est pas de vous laisser combattre la douleur ou une infection avec la seule force de votre esprit neuf mois durant. Seulement voilà, maintenant que vous êtes deux, voire plus, vous devez vraiment faire attention avec l'automédication. Pour soulager un léger mal de tête ou de dos, vous avez droit au paracétamol mais les anti-inflammatoires type ibuprofène sont formellement interdits. Le paracétamol soulage

Vous avez droit au paracétamol mais les anti-inflammatoires type ibuprofène sont formellement interdits.

aussi la fièvre mais enceinte, de toute façon, la fièvre nécessite un avis médical. Autres médicaments autorisés : les antihistaminiques à base de cétirizine, pour calmer d'éventuelles allergies, ou encore le Gaviscon®, pour soulager les reflux. Rassurez-vous, bien d'autres molécules peuvent être avalées sans danger pendant la grossesse (voir p. 224, chapitre « Dans mon armoire à pharmacie, il y a ... »). Mais leur prise nécessite l'avis préalable d'un médecin ou au minimum d'un pharmacien.

Attention : pour ce qui est de la recherche d'information médicale, on trouve tout et n'importe quoi sur le Net. En cas de doute sur l'innocuité d'un traitement, une seule adresse : *www.lecrat.org*. C'est le site du Centre de référence sur les agents tératogènes. Leur expertise est fiable à 200 %.

Conduire

En théorie, si votre grossesse se passe bien, rien ne vous empêche de prendre le volant. Dans la pratique, ce n'est pas si évident. Le premier trimestre, les nausées, les étourdissements, la fatigue peuvent vous jouer des tours. Les derniers mois, votre gros bidon risque de vous gêner. Ceci étant, ce n'est une raison ni pour désactiver l'Airbag, ni pour zapper la ceinture. Bien glissée sous le ventre, la ceinture n'est pas dangereuse pour bébé. Ah oui, et surtout vous ne faites pas comme ma belle-sœur Marie : lorsque le travail commence, vous n'allez pas seule en voiture à la maternité !

Dans la pratique, ce n'est pas si évident.

Me déplacer à vélo, à scooter, à moto...

Difficile de répondre à cette question en étant objective, je suis phobique du vélo. J'ai déjà bien du mal à tenir dessus à l'état normal, alors avec un gros ventre… Malgré tout, et en l'absence de recommandations officielles sur le sujet, je déconseillerais à des copines enceintes d'enfourcher leurs deux-roues, quels qu'ils soient. Le risque de chute est bien trop élevé, même pour la plus douée des conductrices. Le vélo d'appartement, en revanche, c'est excellent pour dégourdir vos jambes et limiter la prise de poids.

Porter mes chaussures à talon préférées

Je ne veux pas vous casser le moral, mais il faudrait déjà réussir à les enfiler. Pensez aussi que votre centre de gravité va bientôt changer. Mieux vaut donc laisser vos hauts talons au placard. Ce n'est pas le moment de tomber et/ou de vous tordre la cheville. Et puis pensez au plaisir que vous aurez à les retrouver après cette longue séparation.

Partir en voyage

Traverser la France en train – ça secoue moins que la voiture – pour aller fêter Noël en famille? OUI. Vous envoler pour une destination tropicale qui vous oblige à faire des vaccins et à prendre des cachets contre le paludisme ? NON. Prendre l'avion pour aller visiter Berlin, Rome ou Barcelone en amoureux ? OUI. Vous

l'aurez deviné, vos vacances doivent rimer avec bon sens. Si votre grossesse se passe bien, vous pouvez vous balader (presque) où bon vous semble. Le dernier trimestre, évitez toutefois de partir trop loin. De toute façon, l'avion vous sera interdit les 4 dernières semaines, voire les 8 dernières semaines si vous attendez plusieurs bébés. Avant ça, quel que soit votre terme, demandez un certificat d'aptitude à prendre l'avion à votre médecin. Le règlement intérieur en la matière varie d'une compagnie à l'autre et certaines l'exigent tôt dans la grossesse.

Le dernier trimestre, évitez toutefois de partir trop loin.

Continuer le running, la gym

Si comme moi, votre seule activité sportive consiste à aller nager de temps en temps, à enfourcher quand vous y pensez votre vélo d'appartement et à marcher beaucoup, c'est non seulement autorisé mais fortement recommandé tout au long de la grossesse. Votre silhouette vous dira merci, votre dos et votre moral aussi. Idem avec le yoga et la gym douce. Le tennis et les cours de fitness sont en revanche déconseillés. Si vous êtes accro au running, parlez-en avec votre gynécologue. Les avis sont très partagés sur la question. Le mien ? Je ne comprends déjà pas comment on peut avoir envie de courir sans être enceinte, alors… En revanche, et ça, c'est sans appel, les sports qui exposent aux chutes (ski, équitation, vélo de route et VTT) et aux coups (baskets, volley, boxe) sont formellement interdits.

M'envoyer en l'air

Oui, oui, oui, si ça vous dit, vous avez le droit de faire l'amour jusqu'au jour J. Bébé n'y verra aucun inconvénient. Même s'il ne se trouve qu'à quelques centimètres de votre terrain de jeu, il est totalement hermétique à tout ce que vous pouvez bien y faire. N'oubliez pas que votre col de l'utérus est obstrué par un épais bouchon muqueux. Faites votre vie ! Le fruit de vos précédentes parties de jambes en l'air fait la sienne dans sa poche remplie de liquide amniotique stérile, parfaitement indifférent à vos ébats. Enfin totalement indifférent… Quand vous vous détendez, que ce soit devant un bon film ou en faisant des câlins, lui aussi profite par ricochets de votre bien-être. Mais ça, c'est plutôt une bonne chose non ?

Faites votre vie !

Donc en ce qui concerne la pénétration, seuls de rares cas (placenta *praevia*, menace sévère d'accouchement prématuré) la rendent risquée et fortement déconseillée. Mais on est bien d'accord, la pénétration n'est pas la seule façon de prendre et de donner du plaisir. Cas de figure plus fréquent : les derniers mois, même quand l'envie est là, la présence d'un ventre légèrement encombrant peut considérablement compliquer la manœuvre. Heureusement, le Kama-sutra est une source d'inspiration pleine d'imagination, je suis sûre que vous n'en manquez pas non plus ! Pour que tout se passe au mieux, assurez-vous aussi de ne pas manquer de gel lubrifiant. Hormones obligent, on souffre parfois de sécheresse vaginale pendant la grossesse. Ce serait dommage de laisser ce petit détail technique tout gâcher.

Tout ça c'est bien gentil, mais le hic c'est que vous/votre partenaire/n'avez plus vraiment envie ? Alors vous/lui/tous les deux, vous arrêtez tout de suite de culpabiliser. Le premier trimestre, entre les nausées et la fatigue, il est assez compréhensible de ne

pas avoir la tête à ça. En général, la libido remonte en flèche au deuxième trimestre. Certains vont jusqu'à parler de « seconde lune de miel », c'est dire ! Les dernières semaines, ça se recomplique souvent. Mais ce sont des généralités et je ne sais pas vous, mais je déteste les généralités. Déjà qu'en temps normal, aucune sexualité de couple ne ressemble à une autre, alors… Je ne vais pas vous conseiller d'allumer des bougies, de mettre un slow et d'improviser un strip-tease si ça ne vous ressemble pas, et si ça vous met plus mal à l'aise qu'autre chose.

En général, la libido remonte en flèche au deuxième trimestre.

Néanmoins, une chose est certaine : plus on s'éloigne de l'autre, moins on ressent le besoin de s'en rapprocher. Et ça vaut évidemment pour vous deux ! Même si votre vie sexuelle devient très sage quelque temps, même si votre ventre accapare toute votre tendresse et votre attention, n'oubliez pas qu'avant lui, vous étiez deux. Vous allez bientôt être trois, voire plus suivant le nombre de petits habitants qu'il y a là-dedans. Malgré tout, même si je sais que ce n'est pas toujours évident, restez un couple. Gardez vos petits rituels, créez-en d'autres. Vous ne faites plus l'amour ? Continuez malgré tout de vous toucher : prenez des douches ensemble, tenez-vous la main quand vous regardez un film, massez-vous… Ça n'a l'air de rien, mais faites-moi confiance, c'est important. Et surtout, quand quelque chose coince, essayez d'en parler avant que ça ne prenne des proportions démesurées. Là aussi, je sais que ce n'est pas toujours facile. La bonne façon de faire pour aborder les sujets qui fâchent (« J'ai l'impression que tu ne me désires plus », « Tu ne parles plus que du bébé », « je dois tout faire dans la maison ») ? Pour ce qui est des galipettes, un sexologue m'avait confié une règle d'or à

Restez un couple. Gardez vos petits rituels, créez-en d'autres.

l'occasion d'une interview sur la dysfonction érectile : ne jamais parler de ce qui se passe – ou ne se passe pas – au lit… quand on est au lit. Vous me suivez ? Il n'y a pas mieux pour envenimer encore un peu plus la situation. Abordez le sujet à distance de vos ébats, autour d'un café, quand vous êtes détendus tous les deux : vous en parlerez plus sereinement et trouverez des solutions plus facilement. Pour ce qui est de tout le reste, vous le savez déjà probablement, l'essentiel est de ne jamais parler de l'autre – c'est tout de suite accusateur – mais de vous, de votre ressenti. Évidemment, les lignes précédentes s'adressent aussi bien à vous qu'à votre partenaire. N'hésitez pas à laisser nonchalamment traîner ce guide sur son oreiller, ouvert à cette page. L'intitulé du paragraphe devrait tout de suite attirer son attention.

Rien n'y fait ? Vous n'arrivez plus à communiquer ? La grossesse crée entre vous des tensions que vous n'auriez jamais pu imaginer ? N'hésitez pas à en parler avec votre gynécologue, votre sage-femme, voire le psychologue de la maternité, ils sont aussi là pour ça. Il n'y a aucune honte à avoir ! L'arrivée d'un enfant est un événement merveilleux mais il entraîne de grands bouleversements. Ce n'est pas très politiquement correct d'en parler, mais c'est une réalité.

Utiliser mon Smartphone

Quand on est journaliste, on reçoit beaucoup de communiqués de presse vantant les mérites de tel ou tel produit. Le rôle de leurs expéditeurs ? M'inciter à parler des marques qu'ils représentent dans mes articles. Mon rôle ? Faire le tri du mieux que je peux pour ne pas faire acheter tout et n'importe quoi à mes lectrices. Et ces dernières années, à mon humble avis, la palme de l'achat inutile revient à une ceinture de grossesse recouvrant tout le ventre pour

« protéger le fœtus des ondes électromagnétiques ». Attention, je n'ai pas enquêté sur le sujet. De toute façon, même les experts sont partagés. Je vous donne juste mon opinion. L'arrivée d'un bébé nécessite bien assez de dépenses comme ça. Gardez votre argent pour une poussette ultra-confort, un super matelas pour son petit lit, une cure post-natale, une future cagnotte baby-sitting… Au moins, ces investissements ont fait leurs preuves. Encore une fois, rien n'a encore été vraiment prouvé concernant le danger des ondes, ni dans un sens, ni dans l'autre. Le mieux, comme toujours dans ce cas, est donc de prendre un minimum de précautions sans tomber dans la paranoïa :

- ne gardez pas votre téléphone portable dans votre poche ;
- utilisez de préférence un kit mains libres ;
- ne posez pas votre tablette ou votre ordinateur portable sur votre ventre ;
- la nuit, coupez tout et laissez vos appareils hors de la chambre.

PS : soyez plus raisonnable que moi. Je me suis affalée de tout mon long sur le trottoir à 4 mois de grossesse… J'étais en baskets, certes, mais comme souvent, je marchais vite en textotant, et ce jour-là, le sol était humide. Mon ventre n'a heureusement rien eu mais je m'en veux encore. D'ailleurs, la petite cicatrice à la base de mon annulaire droit pour cause de bague bien enfoncée sera toujours là pour me rappeler mon imprudence.

Manger ce que je veux

Enceinte de ma princesse, j'ai avalé 25 huîtres le soir du 31 décembre. Cette fois, j'ai été plus raisonnable : 0 huître, 0 sushi, 0 tartare. Mais j'ai mangé des fromages non pasteurisés, de la charcuterie, du saumon fumé et de la mousse au chocolat maison. Bonjour la cohérence… Si j'avais voulu être vraiment raisonnable, j'aurais aussi zappé tout ça : la liste des interdits alimentaires pendant la grossesse est longue si on la respecte scrupuleusement. Personnellement, je ne l'ai jamais fait, mais j'ai toujours su à quoi je pouvais nous exposer. Et je ne me verrais pas encourager une copine à suivre mon exemple. Conscience professionnelle de journaliste santé oblige, voici un petit récapitulatif des recommandations actuelles pour échapper à la listériose, la salmonellose et la toxoplasmose.

La liste des interdits alimentaires pendant la grossesse est longue si on la respecte scrupuleusement.

Les aliments à éviter

- ✗ la viande crue (steak tartare, carpaccio) ou peu cuite ;
- ✗ le poisson cru ou fumé ;
- ✗ les mollusques (huîtres, moules…) crus ;
- ✗ les préparations à base d'œufs crus (mousse au chocolat, tiramisu, œufs à la neige, mayonnaise…) ;
- ✗ la charcuterie type viande fumée ou salée, rillettes, foie gras, pâtés ;
- ✗ les fromages au lait cru, le lait non pasteurisé ;
- ✗ les crudités et les fruits crus quand vous ne pouvez pas vous assurer qu'ils ont été bien lavés.

Les règles d'hygiène à respecter

1. **Lavez-vous les mains**, souvent. Avant et après avoir cuisiné, et encore une fois avant de passer à table. Votre peau et vos ongles risquent de ne pas apprécier ces lavages à répétition. Mais vous n'avez pas le choix. De toute façon, quand bébé sera là, ils seront

encore plus souvent sous le robinet. La solution ? Un minitube de crème hydratante protectrice dans votre sac à main, un près de l'évier, un près de l'ordi, un sur votre table de nuit... L'idée est de pouvoir en mettre le plus souvent possible.

2. **Nettoyez un peu plus souvent** l'évier, le plan de travail et le réfrigérateur.

3. **Frottez bien les fruits et les légumes** sous un filet d'eau. Vous éliminerez un maximum de bactéries mais aussi de potentiels pesticides.

4. **Ne décongelez pas les aliments à température ambiante** mais au réfrigérateur.

(PS : si par « manger ce que je veux » vous pensiez à des frites et du chocolat tous les jours, rendez-vous p. 97, au chapitre « Je m'en balance ou pas ? ».)

Continuer à être végétarienne

C'est un peu complexe comme question, et je n'ai jamais eu l'occasion de me la poser. Pour être certaine de ne pas vous raconter de bêtise, j'ai préféré interroger une spécialiste, le Dr Marie Pigeyre, médecin endocrinologue-nutritionniste rattachée au CHRU de Lille.

Manger végétarien, c'est risqué quand on est enceinte ?

Non, à condition de maintenir un apport suffisant en protéines issues d'autres produits que la viande (produits laitiers, œufs, poissons, légumineuses, céréales…) et un apport énergétique global suffisant. Sinon, le risque de carences est bien réel pour la future maman et son bébé. Les protéines apportent en effet des nutriments indispensables : des acides aminés essentiels, des vitamines (B9, B12, D), des minéraux (calcium, fer)…

Quelles équivalences faut-il respecter ?

Les apports en protéines doivent couvrir 20 % des besoins énergétiques quotidiens, soit un apport de 1 gramme de protéine pour 1 kilo de poids corporel (si vous pesez 63 kilos, vous devez consommer 63 grammes de protéines par jour).

À titre de comparaison :

- 100 g de viande apportent 20 g de protéines et couvrent très bien les besoins en acides aminés ;
- 100 g de céréales, de légumineuses ou de tofu apportent 10 g de protéines ;
- 100 g d'œuf, de poisson ou de fruits oléagineux représentent 10 g de protéines ;
- 100 g de produits laitiers, notamment le fromage, peuvent fournir jusqu'à 25 g de protéines.

Faut-il se faire aider par un nutritionniste, un diététicien ?

Pas forcément. Si la future maman observe une pratique « raisonnable » du végétarisme, si elle connaît bien ce régime et les moyens de compenser l'absence de consommation de viande, elle doit simplement avertir son médecin et sa sage-femme. Ils mettront en place une surveillance clinique et biologique adaptée et pourront ainsi dépister précocement toute éventuelle carence. En revanche, en cas de pratique alimentaire très restrictive (aucun produit d'origine animale), il est fortement recommandé de se faire suivre par un nutritionniste ou un diététicien.

Poursuivre mon régime sans gluten

Alors avant d'aller plus loin, assurons-nous de bien parler de la même chose.

Vous avez été diagnostiquée intolérante au gluten

Comme environ 1 personne sur 100, vous souffrez d'une maladie cœliaque. Et vous savez que la seule solution pour ne pas en développer les symptômes, c'est l'éviction complète du gluten. Pas d'inquiétude, *a priori* vous savez déjà bien gérer votre pathologie et vous allez être particulièrement bien suivie pendant votre grossesse.

Vous vous êtes auto-diagnostiquée intolérante au gluten

Parce que l'on en parle beaucoup, parce que l'on a tendance à mettre sur le dos du gluten tout ce qui peut nous embêter (fatigue, teint moche, surpoids), aujourd'hui beaucoup (trop) de gens se croient intolérants au gluten. Et ça, ça pose plusieurs problèmes. Déjà, si vous êtes véritablement intolérante : limiter le gluten dans votre alimentation sans avis médical va soulager vos symptômes mais la maladie va continuer à progresser et à endommager votre système digestif. Et le jour où l'on cherchera à établir un diagnostic précis, les résultats du dépistage seront faussés. Par ailleurs, si vous présentez simplement une sensibilité au gluten, chercher à l'éradiquer est totalement inutile. Mangez varié et équilibré, fuyez les baguettes et les pains de mie industriels, limitez votre consommation de pizzas, agissez sur votre stress – tout cela devrait suffire à soulager vos ennuis digestifs. Mais je m'éloigne du sujet.

En trois mots, pour ce qui est du sans gluten sans diagnostic médical pendant la grossesse, mieux vaut éviter. L'apport en féculents et en céréales doit en effet être suffisant et couvrir vos besoins énergétiques (environ 50 % de vos besoins quotidiens). Il vous faut en manger environ 200 grammes par jour.

Faire le ménage

Je suis désolée mais je n'ai trouvé aucun texte déconseillant de passer l'aspirateur ni de nettoyer le lavabo de la salle de bains et l'évier de la cuisine. Ceci dit, par principe de précaution, aérez bien quand vous utilisez des produits d'entretien et portez des

gants pour éviter le contact avec votre peau. Pensez aussi aux produits labellisés bio et au vinaigre blanc.

La patte de Brooklyn the Cat

Je plaide coupable au nom de mes copains et copines : la toxoplasmose aime bien parasiter nos intestins et peut donc se retrouver dans nos crottes. Mais ce n'est pas une raison pour se débarrasser de nous ! Je comprends que vous vous tracassiez pour la santé du petit machin qui pousse dans votre ventre si vous n'êtes pas immunisée contre la toxoplasmose. Mais pour éviter de l'attraper, il suffit de demander à quelqu'un de nettoyer la litière à votre place. Vous pouvez même le faire vous-même avec des gants si vous n'avez pas d'autre choix.

M'épiler

Optez plutôt pour l'épilateur électrique, l'épilation au miel ou les bandes de cire froide.

À part peut-être un ventre trop encombrant pour faire le job vous-même, rien ne vous empêche d'afficher une peau aussi douce que celle de votre futur bébé. Oubliez simplement les crèmes dépilatoires ou décolorantes, votre épiderme peut y être plus sensible que d'habitude. Attention aussi à la cire trop chaude si vous avez les jambes lourdes. Optez plutôt pour l'épilateur électrique, l'épilation au miel ou les bandes de cire froide. Pour les plus pressées et les plus douillettes, le rasoir est aussi une option qui ne présente aucune contre-indication.

Me parfumer

J'ai été surprise quand Stéphanie m'a dit ne plus se parfumer pour éviter d'exposer son futur bébé à des substances potentiellement toxiques. Je ne m'étais jamais posé la question. J'ai porté « Une rose » de Frédéric Malle, cadeau du papa de mon petit koala devenu mon parfum fétiche, pendant toute la grossesse et l'allaitement. Même le cheveu sale et les yeux sans mascara, pas un jour sans vaporiser un pschitt derrière chaque oreille.

Intriguée, j'ai fouillé un peu. Et effectivement, certaines études mettent en garde contre l'utilisation des parfums pendant la grossesse. Mais il n'y a rien d'alarmant non plus. Si vous voulez jouer la sécurité, parfumez vos vêtements plutôt que votre peau. De toute façon, il est possible que vous ne supportiez plus votre parfum habituel, hormones de grossesse obligent. À l'inverse, si vous avez l'impression qu'il ne sent plus rien, inutile de doubler la dose : là aussi vos hormones peuvent expliquer une baisse d'odorat passagère.

Mettre du vernis

Même si vous êtes accro au nail-art, ne vous tracassez pas, vous ne mettez pas la santé de votre bébé en danger.

La plupart des vernis contiennent du formaldéhyde, une substance cancérogène, et du toluène, accusé de perturber le bon développement fœtal. Et pourtant, contrairement à l'alcool et à la cigarette, aucun document officiel ne déconseille aux femmes enceintes de se vernir les ongles. Pourquoi ? Parce que les doses en jeu sont infinitésimales et que vous ne passez pas vos journées à sniffer vos flacons. Enfin j'espère. Donc, même si

vous êtes accro au nail-art, ne vous tracassez pas, vous ne mettez pas la santé de votre bébé en danger. Après, pour pleinement vous rassurer, je vous aurais bien orientées vers des marques de vernis dits naturels, exempts de composés potentiellement toxiques. Mais il y a quelques mois, une enquête de l'association *Que Choisir* a laissé entendre qu'ils ne tenaient pas toutes leurs promesses, alors... Mon conseil ? Si vous faire de jolis ongles vous fait du bien, aérez la pièce et accordez-vous ce petit plaisir sans culpabilité aucune.

Me teindre les cheveux

Mes premiers cheveux blancs parvenant encore à se cacher parmi des blonds qui m'ont toujours à peu près convenu, je ne suis jamais passée par la case coloration. Mais pour avoir déjà travaillé sur le sujet, je sais que la plupart des produits utilisés contiennent pas mal de substances ultra-chimiques et potentiellement toxiques quand on est enceinte. Même si aucune étude n'a formellement démontré leur danger aux doses habituellement utilisées, leur absence de danger n'a pas été non plus démontrée. Plutôt adepte du naturel, je serais tentée de vous dire de laisser vos cheveux tranquilles pendant quelques mois, ou au moins pendant le premier trimestre. D'ailleurs vous pourriez être agréablement surprise, les hormones de grossesse ont tendance à les embellir. Ceci dit, elles n'ont encore jamais réussi à les faire changer de couleur. Donc si c'est votre truc, allez-y, de préférence en confiant votre chevelure à un coloriste. Et ce sera encore mieux s'il est spécialisé dans les teintures végétales.

Je serais tentée de vous dire de laisser vos cheveux tranquilles pendant quelques mois, ou au moins pendant le premier trimestre.

Utiliser des huiles essentielles

Je suis fermement convaincue de l'intérêt des huiles essentielles, que ce soit pour se détendre, venir à bout d'un bouton, chasser un début de mal de tête, faire le plein d'énergie… Mais pendant la grossesse, je préfère les éviter et vous les faire éviter. Car si certains spécialistes les utilisent pour traiter les petits maux de la grossesse, beaucoup les déconseillent aux femmes enceintes et à celles qui allaitent. Les contre-indications possibles sont bien trop nombreuses, les précautions d'emploi aussi. Donc à manier avec beaucoup de pincettes, et jamais sans avis médical.

À manier avec beaucoup de pincettes, et jamais sans avis médical.

6

Première rencontre... par écran interposé

La première échographie de dépistage anténatal se fait entre 11 et 13 semaines d'aménorrhée. Pour beaucoup, c'est un moment magique. Moi, par exemple, je fais partie des mamans qui ont les larmes aux yeux et sourient béatement à chaque fois qu'elles voient leur bébé apparaître sur un écran. Mais l'échographie ne nous fait pas à toutes le même effet. Même quand le praticien ne leur donne que des nouvelles rassurantes, certaines ne ressentent aucune émotion particulière. Bien sûr, elles sont heureuses que tout aille bien. Mais tout cela leur paraît bien froid, bien technique, voire un peu irréel. Stéphanie m'a expliqué qu'elle n'arrivait pas à faire le lien entre ce qui se passait sur l'écran et ce qui se passait dans son ventre. Donc non, vous n'avez pas un truc qui cloche si

> *L'échographie ne nous fait pas à toutes le même effet.*

l'échographie est pour vous un examen comme un autre. Pour que vous le viviez dans les meilleures conditions possible, je peux néanmoins vous donner quelques précisions.

À quoi sert cette échographie ?

La première échographie a plusieurs objectifs : dater précisément la grossesse et donc le terme (voir p. 217, le chapitre « Et s'il joue les prolongations ? ») ; connaître le nombre de fœtus ; localiser le placenta et dépister d'éventuelles anomalies, notamment en mesurant la clarté nucale.

À NOTER : la recherche d'anomalie fœtale est recommandée mais elle n'est pas obligatoire. Vous pouvez signaler au médecin que vous ne souhaitez pas qu'elle soit effectuée.

Comment se déroule-t-elle ?

L'échographie est souvent réalisée par le gynécologue, à son cabinet. Mais elle peut aussi être réalisée par une sage-femme ou un échographiste obstétrical. Si vous n'avez jamais eu l'occasion d'en faire une, rassurez-vous, l'échographie est totalement indolore et sans danger connu pour bébé. Pour mieux voir tout ce qui se passe là-dedans, le praticien applique sur votre ventre un gel un peu froid destiné à faciliter l'émission et la réception des ultrasons. Il passe ensuite une sonde sur votre peau, en appuyant parfois un peu plus par endroits, en fonction de ce qu'il cherche à voir. Pour une meilleure visibilité, il doit parfois utiliser aussi une sonde vaginale (on parle alors d'échographie

endovaginale). Pour le petit koala, j'ai fait une première échographie très tôt, dès le lendemain du test de grossesse positif : avec une trompe bouchée par l'endométriose, ma gynécologue voulait s'assurer que je ne faisais pas une grossesse extra-utérine. À ce stade de la grossesse, il faut forcément recourir à la sonde vaginale et c'était passé tout seul, si j'ose dire. Comme c'était ma gynécologue habituelle, avec qui je suis très à l'aise, ça ne m'a pas posé de problème particulier. Avec un échographiste extérieur, peut-être est-ce un peu plus délicat.

Comment s'y préparer ?

Nul besoin d'être à jeun (ouf). Ni de boire des litres d'eau sans aller faire pipi dans les heures qui précèdent, comme par le passé (ouf ouf). Seuls de rares praticiens le demandent encore. En revanche, pensez à ne pas mettre de crème sur votre ventre durant la semaine qui précède l'examen.

Pensez à ne pas mettre de crème sur votre ventre durant la semaine qui précède l'examen.

Pourquoi le médecin ne dit-il rien ?

Ne commencez pas à psychoter. De longs silences ne signifient pas forcément que quelque chose l'inquiète. Même s'il est rôdé à l'exercice, votre praticien a besoin d'un minimum de concentration pour observer correctement les images et prendre des mesures précises. À l'inverse, ne vous tracassez pas non plus s'il bavarde et plaisante ! Chacun sa façon de

Ne commencez pas à psychoter.

faire. Ceci dit, si décidément, dès la première échographie vous sentez que vos tempéraments ne vont pas du tout coller, je ne peux que vous encourager à changer de praticien. Il est essentiel de vous sentir en confiance.

La patte de Brooklyn the Cat

Qu'est-ce qu'elle pouvait être maniaque la grande blonde avec ses comptes rendus d'échographie… Alors qu'elle m'a toujours laissé dormir partout où je voulais ! Et là, sous prétexte qu'il ne fallait absolument pas les perdre ni les abîmer pour pouvoir les rapporter la fois suivante, je me faisais systématiquement engueuler quand je m'allongeais dessus. Oui, j'aime bien m'allonger sur tout et n'importe quoi. Avec une préférence quand même pour son agenda de travail, les vêtements qui sortent du sèche-linge et le sac à dos du maître.

OH, MAIS ILS SONT PLUSIEURS LÀ-DEDANS !

Distinguer plusieurs fœtus à l'écran, ça fait toujours un choc, surtout quand rien ne pouvait le laisser prévoir (naissances multiples dans la famille, traitements contre l'infertilité). Pour Laëtitia, cela remonte à 6 ans, mais quand elle en parle, on perçoit encore de la surprise dans sa voix.

« Plus jeunes, quand on parlait bébés avec mes copines, j'étais la seule de la bande à ne pas rêver d'avoir des jumeaux. Elles trouvaient ça trop mignon, moi j'imaginais surtout les difficultés qui allaient avec. Et évidemment, je suis la seule à avoir eu des jumeaux ! Passé l'effet de surprise, j'étais finalement très heureuse. J'avais 36 ans, mon mari en avait 54, je m'étais dit que je n'aurais probablement pas d'autre enfant. Donc, deux d'un coup, ce n'était que du bonheur. Lui a eu plus de mal à se faire à l'idée. Il était déjà papa de deux grands garçons et savait ce que c'était que de courir après deux bambins, alors si en plus ils avaient le même âge... La grossesse a été compliquée. J'ai dû rester allongée dès le 4e mois. Mais Toscane et Jocelyn sont nés en pleine forme, par voie basse, après un accouchement déclenché. »

7

Accoucher, oui, mais où ?

Le grand jour est encore loin et pourtant, c'est dès maintenant qu'il faut choisir l'endroit où vous voulez accoucher. Dans les grandes villes, les maternités les plus prisées sont prises d'assaut. Voici les bonnes questions à vous poser pour vous aider à vous décider.

À l'hopital

Par qui voulez-vous être accouchée ?

Si c'est forcément par votre gynécologue-obstétricien ou par la sage-femme libérale qui vous suit, il faut vous inscrire dans la maternité où ils pratiquent, sachant toutefois que leur présence ne peut jamais être garantie à 100 % le jour où vous accoucherez. En clinique, même si vous êtes accompagnée tout au long du travail par une sage-femme, un gynécologue sera appelé pour faire sortir bébé quand il pointera vraiment le bout de son nez. À l'hôpital, quand tout se passe bien, la sage-femme gère tout de A à Z. Le médecin n'est appelé que s'il faut utiliser des instruments pour aider bébé à sortir, pratiquer une césarienne…

À l'hôpital, quand tout se passe bien, la sage-femme gère tout de A à Z.

Comment les frais vont-ils être pris en charge ?

À l'hôpital et en clinique conventionnée, les frais d'accouchement et les frais de séjour, dans la limite de 12 jours, sont pris en charge à 100 %, sur la base et dans la limite des tarifs de l'Assurance maladie. Ils sont remboursés directement à l'établissement par votre caisse d'Assurance maladie. En revanche, les dépassements d'honoraires et le coût de la télévision ou de la chambre individuelle sont à votre charge. En clinique privée, c'est pareil, sauf que les tarifs pratiqués sont généralement plus élevés et que vous devrez faire l'avance des frais. Renseignez-vous donc bien en amont et demandez à votre complémentaire santé comment elle prend en charge les dépassements d'honoraires et les frais pour confort personnel.

Avez-vous des souhaits, des besoins spécifiques ?

Chaque maternité a une identité bien précise. Certaines sont connues pour être très médicalisées, d'autres au contraire pour favoriser les techniques anti-douleur alternatives à la péridurale et les positions d'accouchement dites physiologiques (pas forcément les pieds dans les étriers). Certaines vous font rentrer à la maison

au bout de cinq jours, d'autres au bout de trois… N'hésitez pas à les appeler pour vous renseigner et faites jouer le bouche-à-oreille. Sachez aussi qu'il existe un label « Initiative hôpital ami des bébés ». Il garantit, entre autres, que les structures privilégient le peau à peau, accompagnent au mieux l'allaitement et, d'une manière générale, respectent au maximum les besoins et le rythme des bébés et de leurs parents. Pour en savoir plus et connaître les 30 établissements labellisés, allez faire un tour sur *www.amis-des-bebes.fr*

Il existe un label « Initiative hôpital ami des bébés ».

ATTENTION

Dans certains cas, vous n'aurez pas le choix. Si vous habitez dans une zone géographiquement isolée, vous n'aurez pas d'autre choix que d'accoucher dans la maternité la plus proche de chez vous ! Et si votre grossesse est considérée à risque – grossesse multiple, risque d'accouchement prématuré –, votre médecin vous orientera directement vers une maternité dite de type II ou de type III. Elles sont équipées d'un service de néonatologie ou de réanimation néonatale et sont, dans le cas des maternités de niveau III, généralement implantées dans de grands centres hospitaliers.

À la maison

Je ne parle pas ici des bébés très pressés qui débarquent sans crier gare et sans laisser le temps à leurs parents de se rendre à la maternité. Ces accouchements inopinés sont extrêmement rares, surtout quand c'est une première grossesse. Je parle des accouchements programmés à domicile.

L'une de mes copines l'a fait. Quand elle m'a raconté comment ça s'était passé, évidemment, j'ai trouvé ça plutôt chouette. Elle gardait un très bon souvenir de l'accouchement en lui-même et de l'accompagnement sur-mesure de sa sage-femme. Sans oublier qu'une fois bébé là, elle a échappé aux allées et venues du personnel soignant dans sa chambre, aux plateaux-repas déprimants et à la mauvaise literie qui détruit le peu de dos qui nous reste après 9 mois de grossesse et un accouchement plus ou moins sportif. Mais malgré tout, je n'ai pas pu m'empêcher de penser « Heureusement qu'il n'y a pas eu de complication. » C'est un avis très personnel, très subjectif. Mais il ne me serait jamais venu à l'idée de nous priver, les enfants et moi, des moyens humains et technologiques offerts par une maternité pour gérer au mieux un éventuel problème. Et pourtant, je suis fermement convaincue du savoir-faire des sages-femmes. Ne pas être en faveur des accouchements à domicile, comme d'ailleurs le sont l'immense majorité des médecins, ce n'est pas sous-estimer les compétences des sages-femmes ni sous-entendre que les futures mamans qu'elles accouchent sont des irresponsables, loin de là ! C'est simplement se montrer prudent. Mais encore une fois, c'est un avis très personnel. Et si je ne vous donne pas ici davantage d'infos, c'est tout simplement parce que de moins en moins de sages-femmes libérales pratiquent l'accouchement à domicile. La législation les oblige désormais à souscrire à une assurance professionnelle spécifique très chère qui en décourage beaucoup. En fouillant sur le Net, vous trouverez néanmoins des sites qui peuvent vous renseigner.

C'est simplement se montrer prudent.

HÉLOÏSE A ACCOUCHÉ DANS L'EAU

Lors de mon premier accouchement, j'ai passé pas mal de temps dans une baignoire attenante à la chambre, notamment pour accélérer la dilatation du col, et j'ai adoré ça. Mais il ne me serait jamais venu à l'idée d'accoucher dedans. Entre nous, j'ai toujours trouvé cette pratique un peu farfelue. Du côté des spécialistes, beaucoup de réticences mais pas vraiment de recommandations officielles tant l'accouchement dans l'eau reste marginal en France. Pour en savoir un peu plus, j'ai donc interrogé ma copine Héloïse. C'est la seule jeune femme parmi mon entourage à avoir accouché dans l'eau. Et cerise sur le gâteau, elle n'a rien d'une farfelue.

Pourquoi ce choix ?

Ma mère avait pensé à accoucher dans l'eau quand elle m'attendait mais ça n'avait pas pu se faire. Elle m'en avait souvent parlé et je trouvais très belle l'idée de donner la vie dans l'eau. Je savais aussi que la chaleur de l'eau contribuait à détendre les tissus et à faciliter le travail.

Ton gynéco était d'accord ?

Je n'ai pas osé aborder le sujet avec lui ! Je le connais, il n'est pas très chaud pour tout ce qui sort du cadre ! J'ai trouvé une maison de naissance (voir encadré) qui pratique ce genre d'accouchement et à partir du 4e mois, j'ai fait toutes mes consultations de grossesse là-bas, avec une sage-femme.

Tu avais des appréhensions ?

Pas spécialement, même si beaucoup de médecins sont contre car ils estiment qu'il y a des risques. Je faisais confiance à mon corps et à la nature. L'effet euphorisant des hormones peut-être ?

Les séances de préparation à l'accouchement avaient lieu dans l'eau ?

Non, c'était une préparation classique, très axée sur la gestion de la douleur : dans l'eau, on n'a pas droit à la péridurale !

Comment s'est déroulé l'accouchement ?

Au début du travail, j'ai fait plusieurs allers et retours entre mon lit et la baignoire. Quand les choses ont commencé à s'accélérer, je m'y suis installée pour de bon. Les sages-femmes étaient à l'extérieur de la baignoire, l'une au niveau de ma tête, l'autre au niveau de mes pieds, prête à accueillir Apolline, comme lors d'un accouchement classique. Elle l'a sortie tout de suite de l'eau et l'a posée sur ma poitrine. On est restées ainsi 15-20 minutes en peau à peau. On a ensuite regagné le lit pour que je lui donne le sein.

Ce serait à refaire ?

Je referais tout pareil. J'ai aimé le côté non médicalisé de l'accouchement, avec les lumières tamisées, la musique douce... Même si le côté « on vous laisse quasiment tout gérer toute seule, c'est la nature », c'est parfois un peu dur pour un premier bébé ! Mais Stéphane, le papa, a particulièrement apprécié que les sages-femmes interviennent si peu et respectent notre intimité.

Ça se passe comment, au niveau des frais ?

Les consultations mensuelles durent 1 h 30 et coûtent 80 € si mes souvenirs sont bons. L'accouchement en lui-même coûte environ 1 300 €. Pour nous, tout a été pris en charge, ça dépend des tarifs et des mutuelles, mais il a fallu avancer les frais. Nous avions mis de l'argent de côté exprès.

LES MAISONS DE NAISSANCE

Gérées par des sages-femmes libérales, les rares maisons de naissance qui existent en France sont encore en phase d'expérimentation. Elles proposent aux futures mamans ne présentant pas de facteur de risques (grossesse multiple, pathologies type diabète ou hypertension, antécédents de prématurité ou de césarienne...) d'accoucher de façon physiologique, c'est-à-dire sans péridurale, dans la position qu'elles préfèrent... Elles permettent également des retours anticipés à la maison. Pour des raisons de sécurité, les maisons de naissance sont attenantes à des structures hospitalières. Autant les accouchements à domicile me font peur, autant je soutiens le développement de ce type de structures qui ont depuis longtemps fait leurs preuves à l'étranger. Voici les neuf maisons de naissance actuellement autorisées à pratiquer, en France (au moment où j'écris ces lignes) :

- CALM Maison de naissance, à Paris
- Premier cri, à Vitry-sur-Seine
- Doumaïa, à Castres
- La Maison, à Grenoble
- Le Temps de naître, à Baie-Mahault
- Joie de naître, à Saint-Paul
- Premières heures au monde, à Bourgoin-Jallieu
- Manala, à Sélestat
- Un Nid pour naître, à Nancy

DEUXIÈME TRIMESTRE

1

Petit point agenda côté bébé

Le quatrième mois

S'il s'était montré jusqu'à présent plutôt discret, votre ventre commence certainement à pointer le bout de son nombril. Pas étonnant, là-dedans aussi ça grandit et ça grossit d'un coup. Votre bébé entre dans une phase de croissance accélérée. Il commence même à faire un peu de gras et c'est une très bonne chose : cette petite couche graisseuse l'aidera à ne pas trop se refroidir quand il sortira de son cocon.

Votre bébé entre dans une phase de croissance accélérée.

Même si sa peau s'épaissit, elle laisse encore entrevoir son système sanguin, qui est de plus en plus abouti. Ses poumons aussi se perfectionnent, ils s'entraînent même à respirer en inspirant et en expirant un peu de liquide amniotique. Quant à ses yeux, ils commencent à bouger derrière ses paupières toujours bien fermées. Mais c'est du côté de ses oreilles qu'il y a le plus de changements. Son audition de plus en plus fine lui permet maintenant de distinguer toutes sortes de bruits. Son univers sonore ne se résume plus aux battements de votre cœur et aux gargouillis de votre digestion. Il se laisse aussi bercer par le son de votre voix et celle, un peu plus lointaine, de son papa. D'ailleurs, à la naissance, il sera tout à fait capable de les reconnaître. Alors ne vous retenez pas si vous avez envie de lui parler ou de lui faire découvrir vos chansons favorites. Coller sur votre ventre un casque avec du Mozart ou de l'anglais en continu, comme ça se faisait à une époque, n'a en revanche aucune utilité. Attention, même s'ils sont amortis par le liquide amniotique, des bruits trop forts peuvent aller jusqu'à faire sursauter votre bébé.

Ses mensurations ? À la fin de ce quatrième mois, le fœtus mesure généralement 22 centimètres de la tête aux talons et pèse environ 350 grammes.

Le cinquième mois

Pour l'instant, il vous régale de ses galipettes. Le reste du temps, il dort, près de 20 heures sur 24.

Là, vous l'avez senti ? Oui ? Depuis le temps que vous l'attendiez ! Son premier coup de pied. Ça y est, ses bras et ses jambes sont suffisamment toniques pour pouvoir établir le contact à travers votre paroi abdominale. C'est le début d'une conversation qui ne s'arrêtera plus jamais. Car en retour, il reçoit avec ravissement les caresses que vous lui prodiguez en touchant votre ventre. Du morse, vous passerez bientôt aux sourires puis aux mamamas, aux dessins et aux textos. Mais je m'emballe. Pour l'instant, il vous régale de ses galipettes. Le reste du temps, il dort, près de 20 heures sur 24. Durant ces longues plages de sommeil, son cerveau, lui, ne chôme pas. Les neurones s'y multiplient à une vitesse phénoménale.

Si vous êtes curieux et si votre petit habitant est dans la bonne position, l'échographiste peut maintenant vous aider à réduire votre liste de prénoms. En revanche, vous ne verrez à l'écran ni ses empreintes digitales, ni ses cils et sourcils, et encore moins ses glandes sudoripares et sébacées. Mais elles sont bel et bien là. D'ailleurs ses glandes sébacées ont commencé à sécréter du *vernix caseosa*. Cette substance blanche et grasse est très utile : elle va protéger sa peau jusqu'à la naissance.

Ses mensurations ? À la fin de ce cinquième mois, il ou elle (cette fois l'échographie le montre avec précision) affiche fièrement 29 centimètres et 700 grammes, environ.

Le sixième mois

Son cerveau continue de se construire à toute allure, ses bronches se préparent à respirer à l'air libre, ses muscles gagnent en force. Et il a acquis un réflexe indispensable, quoiqu'on puisse en penser : il sait désormais pleurer. S'il naissait maintenant, il serait extrêmement fragile et aurait besoin de soins intensifs, mais il serait viable. Personnellement, les trois fois, j'ai coché cette étape dans mon agenda avec beaucoup de soulagement. Je savais que mes bébés devaient rester encore de longues semaines au chaud pour être en forme, mais je me sentais déjà un peu plus sereine, un peu plus confiante.

Même s'il est encore très menu, rouge et fripé, les traits de son visage sont de plus en plus fins et il a pris quelques rondeurs. Physiquement, il n'est plus très éloigné de l'idée que vous vous faites de votre enfant. C'est sans doute la période où il gigote le plus : ses muscles sont bien toniques et il a encore assez de place dans l'utérus pour les exercer. Déjà très curieux, il tourne la tête quand un bruit attire son attention. Ses mouvements sont de plus en plus fins et, surtout, ils sont volontaires, ce ne sont plus de simples réflexes. Son cordon ombilical devient son compagnon de jeux favori. Mais il passe encore l'essentiel de son temps à dormir, les genoux ramenés sur son ventre et les bras repliés sur la poitrine, en position fœtale. Le sommeil agité, ou sommeil paradoxal, se met en place. C'est le sommeil des rêves, et pour certains spécialistes, votre bébé fait déjà des songes. Une chose est sûre, il occupe tous les vôtres.

C'est sans doute la période où il gigote le plus : ses muscles sont bien toniques et il a encore assez de place dans l'utérus pour les exercer.

Ses mensurations ? À la fin de ce deuxième trimestre, votre jeune cascadeur mesure autour des 36 centimètres et pèse environ 1,250 kilogramme.

2

Petit point agenda côté maman

Le quatrième mois

Deuxième consultation prénatale obligatoire, avec le médecin ou la sage-femme. Tout pareil (prise de votre tension, passage sur la balance…), avec quand même une petite nouveauté par rapport à la dernière fois : le praticien va mesurer la hauteur de votre utérus à l'aide d'un mètre de couturière simplement posé sur votre ventre. Côté examens, il va vous prescrire la désormais classique analyse d'urine (glycosurie, protéinurie). Si vous avez été testée négative à la toxoplasmose, il va aussi falloir refaire une prise de sang. Peut-être aurez-vous la chance qu'il vous fasse écouter les battements du cœur du fœtus.

Pensez à...

- Aller chez le dentiste. À partir du 4e mois, l'Assurance maladie propose un examen bucco-dentaire remboursé à 100 % (vous devriez normalement recevoir une invitation dans votre boîte aux lettres). Profitez-en, c'est important : des caries ou une gingivite non soignées peuvent provoquer une infection et avoir des répercussions sur la grossesse et le fœtus.

C'est généralement le moment où...

- On commence à parler de sa grossesse à ses proches et à son employeur. Mais aucune règle en la matière, ou plutôt une règle fondamentale : faites comme vous le sentez.

- On cale la première des huit séances de préparation à la naissance et à la parentalité remboursées par l'Assurance maladie (voir p. 119, le chapitre « Mille et une façons de se préparer »). Contrairement aux séances suivantes, qui se déroulent souvent en groupe, le médecin ou la sage-femme vous reçoit généralement seule ou, dans l'idéal, accompagnée de la personne qui va attendre et accueillir bébé à vos côtés. Cette intimité permet de poser toutes les questions qui nous passent par la tête, de confier toutes nos éventuelles appréhensions… À l'issue de ce rendez-vous, le praticien propose généralement de planifier les sept prochaines séances, qui s'étaleront jusqu'au terme de la grossesse.

Le cinquième mois

- **Troisième consultation prénatale obligatoire**, avec le médecin ou la sage-femme. Rien de nouveau par rapport au mois dernier : prise de votre tension, passage sur la balance, mesure de la hauteur utérine, écoute des battements du cœur de bébé, analyse d'urine (glycosurie, protéinurie), sérologie de la toxoplasmose si vous avez été testée négative…

- **Entre 20 et 22 SA.** Le moment est venu de faire la deuxième échographie, dite écho morpho (voir p. 109, le chapitre « Zoom sur l'écho morpho »). Elle dure facilement une demi-heure car le praticien prend une foule de mesures et vérifie de nombreux points. C'est généralement là que vous pouvez connaître, si vous le désirez, le sexe de votre petit habitant. Une demi-heure en tête à tête avec bébé, même si c'est juste par écrans interposés, j'ai toujours adoré. Mais pour le papa du petit koala, pour qui c'était une grande première, cela semble avoir été assez anxiogène.

Le sixième mois

- **Quatrième consultation prénatale obligatoire**, avec le médecin ou la sage-femme. Rien ne change par rapport à votre dernière visite, si ce n'est une vérification de votre taux de fer dans le sang, pour s'assurer que vous n'êtes pas anémiée.

- **Entre 24 et 28 SA.** Si vous avez un profil à risque de développer un diabète gestationnel, on va vous prescrire un examen appelé « hyperglycémie provoquée par voie orale ». Peut-être vos copines déjà mamans vous en ont-elles parlé : ça n'a rien de douloureux, mais devoir ingérer de l'eau ultra-sucrée en étant à jeun est une expérience dont on se passerait bien !

Pensez à…

- réfléchir au mode de garde de bébé. Plus fun, vous pouvez aussi vous faire plaisir en préparant sa chambre ou en rédigeant sa liste de naissance (voir p. 133, le chapitre « La shopping list idéale »).

ZOOM SUR L'HYPERGLYCÉMIE PROVOQUÉE PAR VOIE ORALE

Pour qui ? Les médecins prescrivent ce test aux futures mamans présentant un risque de développer un diabète gestationnel. Vous êtes concernée si : vous avez plus de 35 ans ; votre IMC est supérieur à 25 (surpoids, obésité) ; votre père ou votre mère souffre de diabète de type 2 ; vous avez déjà eu du diabète lors d'une précédente grossesse ; vous avez déjà accouché d'un bébé de plus de 4 kg (macrosomie).

C'est quoi ? Ce test se pratique en laboratoire, à jeun, afin de contrôler la façon dont votre organisme régule le taux de sucre en circulation dans votre sang. À votre arrivée, on vous fait une prise de sang. Vous buvez 75 g de glucose. Puis on vous refait une prise de sang, 1 heure, puis 2 heures après l'ingestion de ce glucose. Attention, vous ne pouvez pas quitter le laboratoire pendant tout ce temps ! Prévoyez de la lecture ou un bon film. Apportez aussi de quoi manger un morceau avant de rentrer vous reposer à la maison. J'avais assez mal vécu ce test lors de ma deuxième grossesse : impossible

→

d'avaler l'eau sucrée sans avoir des hauts le cœur et gros malaises durant toute la matinée. Le pire, quand j'y repense, c'est que je ne présentais alors aucun facteur de risque. Mon médecin avait dû faire du zèle... Pour le petit koala, j'avais 37 ans, je savais que j'allais y avoir à nouveau droit. J'appréhendais beaucoup et finalement, ça s'est plutôt bien passé. L'eau sucrée, c'est jamais top, mais elle est passée sans trop de difficulté (peut-être avaient-ils amélioré la recette entretemps ?). L'infirmière, sympa, m'avait installée dans une petite pièce. J'avais pu m'allonger bien au chaud sous une petite couverture et regarder un film sur mon ordinateur portable. Avec du recul, je garde presque un bon souvenir de cette matinée de farniente ! (PS : je n'ai jamais craint les prises de sang, ça aide).

Pour quoi ? Le diabète gestationnel ne donne généralement aucun symptôme. C'est donc important de le dépister car il augmente les risques de complications, pendant la grossesse et au moment de l'accouchement. Les mamans concernées donnent souvent naissance à des bébés de plus de 4 kg (macrosomie), ce qui complique parfois l'accouchement au point de devoir faire une césarienne. Maman et bébé risquent par ailleurs de développer un diabète de type 2 dans les années qui suivent. Mais si le diabète gestationnel est bien pris en charge (régime, activité physique adaptée, échographies plus fréquentes pour surveiller la croissance fœtale, voire traitement médical), tout se passe généralement très bien.

La patte de Brooklyn the Cat

On le sait bien que vous nous jalousez, moi et mes semblables, quand on s'étire voluptueusement après une interminable sieste au soleil. Bonne nouvelle : vous allez probablement connaître la même félicité durant les trois mois à venir. À ce qu'il paraît, le deuxième trimestre serait « l'âge d'or de la grossesse ». Au revoir les nausées, la fatigue et la crainte de faire une fausse couche. Bonjour le ventre qui commence à pointer, les premières emplettes pour bébé et la libido qui grimpe en flèche. Enfin, c'est ce qu'écrit la grande blonde dans ses articles.

3

Chef faut que je vous dise

Travaillant à la maison avec le statut professionnel un peu particulier de pigiste – je suis salariée sans être vraiment salariée –, je n'ai pas une grande expertise en matière de congé maternité. J'ai toujours écrit jusqu'au jour de l'accouchement pour prendre de l'avance sur mes articles à rendre. Et j'ai toujours repris une ou deux semaines après l'accouchement. Cela n'a rien d'un exploit quand on peut bosser de chez soi, à son rythme, et que l'on est en forme. Mais pour la grande majorité des femmes enceintes qui travaillent, c'est une autre histoire. Le congé maternité n'a rien d'un luxe. Et savoir que l'on bénéficie de droits spécifiques, même avant le début de ce congé, c'est essentiel pour vivre une grossesse sereine. Je me suis donc renseignée et voilà ce qu'il faut retenir.

Le congé maternité n'a rien d'un luxe.

Si vous avez besoin d'informations plus personnalisées, adressez-vous à votre direction des ressources humaines, à votre médecine du travail, à vos représentants du personnel ou au Centre d'information sur les droits des femmes et des familles le plus proche – *www.infofemmes.com*. N'oubliez pas que vos droits varient aussi en fonction de votre convention collective.

Vous avez droit à 16 semaines d'arrêt

Pour un premier bébé, le congé maternité dure 16 semaines, avec 6 semaines d'arrêt avant la naissance et 10 semaines après. Avec l'accord de votre médecin, vous pouvez le décaler et travailler 3 semaines de plus pour rester 3 semaines de plus avec votre bébé. Vous pouvez même, si vous le désirez, carrément écourter votre congé maternité. Mais pour toucher les indemnités journalières versées par l'Assurance maladie, vous devez vous arrêter au moins 8 semaines, dont 6 après l'accouchement. Enfin, si vous êtes particulièrement fatiguée, votre médecin peut vous prescrire un congé pathologique, à condition qu'il ne dépasse pas 2 semaines avant l'accouchement et 4 semaines après. Au-delà, il s'agit d'un congé maladie.

Les indemnités journalières versées par l'Assurance maladie équivalent à environ 80 % de votre salaire net. Selon votre accord d'entreprise, il peut y avoir subrogation, c'est-à-dire que votre employeur maintient l'intégralité de votre salaire. Si vous êtes au chômage, vous bénéficiez aussi de l'indemnité journalière maternité. Vous ne recevrez pas votre allocation chômage pendant cette période, mais cela reportera d'autant la durée de vos droits auprès de Pôle emploi.

À l'issue de votre congé maternité, votre employeur doit bien entendu vous redonner votre poste. Ou vous proposer un poste similaire, assorti d'une rémunération au moins équivalente.

À SAVOIR : en cas d'accouchement prématuré, la durée totale de votre congé maternité ne change pas ; votre congé prénatal est écourté et votre congé postnatal est rallongé d'autant. Une période de repos supplémentaire est toutefois prévue si bébé arrive plus de 6 semaines avant la date prévue et doit être hospitalisé. Si à l'inverse il se décide à sortir avec quelques jours de retard, votre congé post-natal sera rallongé d'autant.

Simulez avec l'Assurance maladie !

Pour connaître précisément le montant de vos indemnités journalières, allez sur *www.ameli.fr*, espace « Assuré » et utilisez le « Simulateur d'indemnités journalières ».

Vous annoncez votre grossesse quand vous voulez

Aucun texte de loi ne précise le moment où vous devez informer votre employeur. Seule obligation, qui tombe sous le sens : le prévenir avant de partir en congé maternité. Mon conseil ? Le lui dire au début du deuxième trimestre, histoire qu'il ne l'apprenne pas par quelqu'un d'autre et qu'il ait le temps de se retourner. Après lui en avoir parlé de vive voix, envoyez-lui un certificat de grossesse par lettre recommandée avec AR, ou remettez-lui ce document en main propre contre un récépissé. Vous devez préciser dans ce courrier la date à laquelle vous prévoyez de reprendre le travail.

Le lui dire au début du deuxième trimestre, histoire qu'il ne l'apprenne pas par quelqu'un d'autre et qu'il ait le temps de se retourner.

À SAVOIR : rien ne vous oblige à évoquer votre grossesse lors d'un entretien d'embauche. Votre éventuel futur employeur n'a pas le droit de vous poser la question ou de vous refuser le poste pour cette raison. Idem pour le fait de le dire ou pas durant une période d'essai. Votre employeur n'a pas le droit d'invoquer votre grossesse comme un motif de rupture de période d'essai. Ceci étant, il n'est pas non plus tenu de justifier la rupture d'un contrat pendant cette période. Tout ceci est donc bien délicat et doit se décider au cas par cas.

Si besoin, votre poste de travail doit être réaménagé

Si votre métier vous expose, vous et votre bébé, à des risques chimiques, biologiques, radiologiques, psychologiques..., votre employeur est obligé de vous proposer un reclassement ou un aménagement de poste. Si ce n'est pas possible, vous serez arrêtée jusqu'au début du congé maternité. Votre salaire sera maintenu (allocations journalières de l'Assurance maladie + complément à la charge de votre employeur). Si vous travaillez de nuit, vous pouvez demander à être affectée à un poste de jour. Rassurez-vous, quels que soient les changements d'affection, ils n'affectent en rien votre rémunération.

À SAVOIR : vous pouvez vous absenter pour vous rendre aux examens obligatoires prévus par l'Assurance maladie. Ces absences sont considérées comme des temps de travail effectif, elles n'affectent ni votre salaire, ni le calcul de vos congés payés ou de votre ancienneté. Bonne nouvelle, le papa ou la personne avec qui vous allez élever bébé bénéficient aussi d'une autorisation d'absence pour se rendre à trois de ces examens médicaux.

Votre employeur ne peut pas vous licencier, sauf faute grave

Vous bénéficiez d'une période de protection durant laquelle vous ne pouvez pas être licenciée, sauf en cas de faute grave ou d'impossibilité de maintenir votre poste, pour des raisons économiques par exemple. Cette protection débute à partir du moment où votre grossesse est connue et s'étend jusqu'à la quatrième semaine après la fin de votre congé maternité.

À SAVOIR : Durant cette période, vous pouvez en revanche démissionner sans préavis.

Papa aussi a le droit de s'arrêter un peu

Longtemps, les papas n'ont eu droit qu'à trois jours pour se remettre de leurs émotions et rester auprès de leur nouvelle petite famille. Aujourd'hui, ils peuvent prolonger ce congé de naissance et rester un peu plus longtemps à la maison grâce au congé de paternité et d'accueil de l'enfant. Pour un bébé, votre partenaire a droit à 11 jours consécutifs, dimanches et jours fériés inclus. Pour une naissance multiple, cela passe à 18 jours. Mais rien ne l'empêche, s'il le souhaite, de prendre moins de jours. Et il peut enchaîner ou séparer congé de naissance et congé de paternité et d'accueil de l'enfant, à condition que celui-ci débute dans les 4 mois qui suivent la naissance. Le mieux est qu'il communique ses dates à son employeur par lettre

Pour un bébé, votre partenaire a droit à 11 jours consécutifs, dimanches et jours fériés inclus. Pour une naissance multiple, cela passe à 18 jours.

recommandée avec AR, ou en main propre contre un récépissé, au moins un mois avant la date du début du congé.

Durant ces quelques jours off, votre partenaire aura le droit de démissionner mais son employeur ne pourra pas le licencier, sauf en cas de faute grave ou d'impossibilité à maintenir le contrat pour un motif étranger à l'arrivée de votre enfant. Cette protection s'étend d'ailleurs aux 10 semaines qui suivent la naissance.

Derniers points et non des moindres : les bénéficiaires du congé de paternité et d'accueil de l'enfant perçoivent des indemnités journalières. À leur retour, ils doivent retrouver leur précédent emploi ou un emploi similaire assorti d'une rémunération au moins équivalente.

À SAVOIR : Même si la personne avec qui vous vivez n'est pas le papa biologique de votre bébé, il ou elle a aussi droit au congé de naissance et au congé d'accueil de l'enfant.

La patte de Brooklyn the Cat

S'il n'y avait que moi, je vous dirais de prendre un congé parental. Pourquoi aller travailler quand on peut rester au chaud à ne rien faire ? Mais d'après ma maîtresse, je suis bien le seul à me la couler douce avec un bébé à la maison. Ce n'est donc pas un argument valable. Plein d'autres peuvent, en revanche, entrer en ligne de compte. Toujours d'après la grande blonde, c'est donc une décision très personnelle qui au final regarde uniquement les mamans, personne d'autre, pas même leurs chats… Alors si c'est comme ça, je retourne me coucher.

11

Je m'en balance ou pas ?

– Alors, combien ?
– Euh… 73.
– Bon Madame Dubuc, faudrait voir à ralentir un peu. Ça fait déjà 15 kilos et vous n'en êtes qu'au 6e mois. Vous voulez aller voir la diététicienne de la clinique ?

Il est recommandé de prendre entre 9 et 12 kilos sur toute la grossesse.

J'aime bien ma gynécologue. La plupart du temps. J'ai toujours confiance dans ses diagnostics et ses conseils. Mais cette fois, j'ai du mal à digérer ses sous-entendus. Je sais qu'il est recommandé de prendre entre 9 et 12 kilos sur toute la grossesse. Et je sais que les chiffres ont tendance à s'affoler les trois derniers mois. N'empêche, je trouve ça profondément injuste : je mange comme d'habitude ! Pas moins, d'accord, mais pas davantage non plus. Pas de barre chocolatée à la pause de 10 heures, pas d'envies compulsives de fondues savoyardes comme à l'époque où j'attendais ma princesse. Dire qu'alors je déjeunais de panini et de hot-dog et que j'avais pris seulement 6 petits kilos… Pour son frère, la balance s'était arrêtée à 9 kilos. Et là, j'en ai finalement pris une bonne vingtaine. Si c'était à refaire ? En toute franchise, je ne verrais pas trop quoi changer. C'est vrai qu'à la maison, on aime bien manger. Mais on ne s'empiffre pas non plus. Mon explication ? Je ne sais pas… Peut-être qu'à 37 ans, on a un meilleur budget resto et un moins bon métabolisme qu'à 20 ans ? Une chose est certaine, ma gynéco avait raison : à l'heure où j'écris ces lignes, mon petit koala a 2 ans et je commence tout juste à perdre mes derniers kilos en trop. Avec ce midi un déjeuner en famille dans un bar à fromages et mon chéri qui a acheté des moelleux au chocolat pour le goûter, c'est compliqué aussi ! Mais au moins, cette importante prise de poids n'a eu aucune conséquence ni sur la santé de mon loulou, ni sur la mienne. Car si les médecins sont aujourd'hui parfois si tyranniques, c'est qu'une forte prise de poids peut donner de « gros bébés » et donc compliquer l'accouchement. Elle augmente aussi les risques d'hypertension et de diabète gestationnel chez les mamans. Ceci étant, les gynécos font aussi la guerre à celles qui ne grossissent pas assez : une trop faible prise de poids pourrait augmenter les risques d'accouchement prématuré.

Mais alors, il faut prendre combien de kilos ?

Forcément, je vais vous faire une réponse de Normande : c'est très variable. Déjà, on parle d'une fourchette de prise de poids. Ensuite, cette fourchette dépend du poids initial de chacune.

Actuellement, les spécialistes recommandent en effet de se baser sur l'IMC* affiché avant la grossesse. En clair si :

- vous êtes mince, voire très mince (IMC<18,5), vous pouvez prendre entre 12,7 kg et 18,1 kg ;
- vous avez une corpulence « normale » (IMC entre 18,5 et 24,9), vous pouvez prendre entre 11,3 kg et 15,9 kg ;
- vous êtes en surpoids (IMC entre 25 et 29,9), vous pouvez prendre entre 6,8 kg et 11,3 kg ;
- vous êtes en obésité (IMC>30), vous pouvez prendre entre 5 kg et 9 kg.

Ça, c'est la théorie et elle semble assez logique après tout. Mais elle n'est pas forcément évidente à respecter. Si vraiment c'est trop compliqué, le mieux est alors de se faire aider par une diététicienne, comme me l'avait proposé ma gynéco. Si ça ne colle pas avec celle de la maternité, rien ne vous empêche d'en consulter une autre. Vous devez vous sentir en confiance et adhérer à ce qu'elle vous propose, sinon ça ne sert à rien. Mais dans la majorité des cas, ça ne se gère finalement pas si mal. Surtout si :

Vous vous pesez une fois par semaine

Pas plus, pas moins. À jeun, après un passage aux toilettes, et le moins habillée possible. Attention, les dernières semaines, vous aurez peut-être besoin d'un(e) assistant(e) pour lire les chiffres à votre place. Pas d'affolement : c'est votre ventre qui sera devenu trop gros, pas forcément vous.

* L'IMC (indice de masse corporelle) s'obtient en divisant le poids (exprimé en kilos) par le carré de la taille (en mètre). Moi, par exemple, je pèse 65 kg et je mesure 1,77 m. Mon IMC est de 20,7. Bikiniment parlant, je le trouve loin d'être satisfaisant. Mais médicalement parlant, il est « parfait », ma corpulence est « normale ».

Vous arrêtez de pleurer devant les photos de Blake Lively et compagnie

Vous avez remarqué ? Au siècle passé (je sais, ça fait bizarre), quand les stars attendaient un bébé, elles s'éclipsaient quelques mois. Elles accouchaient le plus discrètement possible. Puis elles attendaient encore quelques mois avant de se montrer, le temps d'avoir retrouvé leur corps de rêve. À croire que leurs gros ventres n'étaient pas assez vendeurs aux yeux de leurs producteurs. Heureusement, les choses ont changé. À Hollywood, la grossesse n'a plus rien d'un tabou. Les actrices aussi peuvent continuer à travailler enceintes. C'est bien, c'est vraiment bien. Mais c'est aussi ultra-complexant pour nous, pauvres mortelles que nous sommes. Je ne souhaite à personne d'être enceinte en même temps que Blake Lively. Je parle d'expérience. À part la couleur des cheveux, nous n'avions RIEN en commun. Et je ne vous parle pas du mannequin russe Natalia Vodianova, toute fraîche maman d'un cinquième enfant à 34 ans, plus fine et jolie que jamais. Mais vous savez quoi ? C'est leur job. Entretenir avec acharnement leur silhouette et leur sourire pour être les plus belles sur les tapis rouges, c'est leur job. J'ai continué à écrire pendant mes trois grossesses. Vous continuez probablement à enseigner, à couper des cheveux ou à gérer des budgets en étant enceinte. Et vous le faites aussi bien qu'avant. Et puis, avec un cuisinier, un diététicien, un coach sportif, un chauffeur, une coiffeuse et une masseuse à domicile, elles n'ont vraiment pas un grand mérite !

Vous marchez et nagez pour compenser les frites et les gâteaux

Je ne vous apprends rien : enceinte ou pas, le grand secret pour garder la ligne sans (trop) se priver, c'est de se dépenser. Là, évidemment, vous allez oublier le running, le squat et les abdos. Mais hormis de rares contre-indications médicales, rien ne vous empêche de pratiquer régulièrement une activité physique. Au contraire ! Bouger un peu tous les jours, c'est le meilleur moyen de ne pas psychoter à chaque fois que vous passerez à table (et sur la balance). Ça vous évitera aussi d'avoir les jambes trop lourdes, voire d'avoir mal au dos. Sans oublier que vous dormirez mieux. Le minimum syndical ? 30 minutes de marche par jour. Passer d'une boutique de vêtements pour bébé à une autre n'est bien entendu pas considéré comme de la marche ! Ajoutez-y une à deux séances de piscine par semaine et dans l'idéal, un peu de vélo d'appartement.

Vous adoptez une alimentation IG bas

Manger IG bas était peut-être la solution pendant la grossesse.

Un peu plus haut, je vous disais que si c'était à refaire, je ne voyais pas quoi changer pour limiter la casse sans trop souffrir. En fait, si, je privilégierais une alimentation à index glycémique bas. Le (beau)-papa s'y est mis depuis quelques mois et il mincit, doucement mais sûrement. Sans avoir faim entre les repas et sans avoir l'impression de suivre un régime tristounet. Du coup, j'ai creusé le sujet et réalisé que manger IG bas était peut-être LA solution pendant la grossesse. J'en ai eu la confirmation en interrogeant la diététicienne Nathalie Négro, responsable du Centre nutritionnel des thermes de Brides-les-Bains. Oui, l'IG bas est bien votre meilleur ami :

- Parce que ce n'est pas un régime. À part en cas de diabète gestationnel, on ne suit pas de régime en étant enceinte. Même si ça semble être à la mode chez certaines blogueuses et instagrameuses, sans parler des people. C'est risqué pour la santé de bébé et c'est risqué pour votre santé mentale. Vous allez vous sentir suffisamment frustrée comme ça pendant 9 mois, inutile d'en rajouter.
- Parce qu'il prévient la constipation. L'alimentation IG bas privilégie les aliments complets, les fruits et les légumes : c'est une bonne chose pour votre transit, qui risque de tourner au ralenti sous l'effet des hormones de grossesse.
- Parce qu'il limite les nausées, les fringales et les coups de barre. Pour résumer, quand on mange des produits contenant du sucre, notre taux de glycémie dans le sang augmente. En réaction, notre pancréas produit de l'insuline pour stocker ce sucre dans notre foie et nos muscles. Problème : pendant la grossesse, l'insuline a tendance à être moins efficace. Résultat, le pancréas met les bouchées doubles et devant toute cette insuline, le taux de glycémie finit par baisser, mais trop vite. C'est l'hypoglycémie et ses copines : la fatigue, les fringales et les nausées. Autre joyeuseté : l'excès d'insuline favorise le stockage des graisses dans les cellules…
- Parce qu'il prévient le diabète gestationnel. Malgré des pics élevés de production d'insuline, le sucre finit parfois par s'accumuler dans le sang et ce taux de glycémie élevé est à l'origine de pas mal de problèmes de santé, dont le diabète gestationnel.

L'INDEX GLYCÉMIQUE, C'EST QUOI ?

L'index glycémique, c'est la capacité d'un aliment à faire augmenter la glycémie et le temps pendant lequel cette glycémie sera trop élevée dans le sang. Il n'est pas lié à l'apport calorique des aliments, ni à leur teneur en sucres (dans ce cas, on parle de charge glucidique).

Exemple concret:
100 g de pommes de terre vapeur =
76 calories, 0,1 g de graisses, 17,1 g de sucres et **56 pour l'IG.**
100 g de purée de pommes de terre, avec du lait et du beurre =
96 calories, 4,3 g de graisses, 12,3 g de sucres, **73 pour l'IG.**
100 g de frites =
274 calories, 13,2 g de graisses, 36 g de sucres, **75 pour l'IG.**
100 g de chips =
568 calories, 39,8 g de graisses, 50 g de sucres, **54 pour l'IG.**

Verdict : on ne se fie pas à l'IG des chips qui sont définitivement à fuir et on met régulièrement des pommes de terre vapeur arrosées d'un filet d'huile d'olive ou d'une noisette de beurre au menu.

En pratique

Vous êtes convaincue et vous avez envie d'essayer ? Avant toute chose, rappelez-vous que l'index glycémique n'est pas forcément lié au goût sucré d'un aliment. Croquer dans un fruit fait moins grimper la glycémie que manger de la baguette. Et si les bonbons et le jus d'orange ont un index glycémique élevé, la purée de pommes de terre aussi ! Compliqué ? Pas tant que ça, il suffit de garder en tête deux ou trois principes de base.

1. Plus un aliment est transformé, plus son IG augmente. Mieux vaut donc manger une pomme qu'une compote de pommes, même sans sucres ajoutés. De la même façon, préférez les pommes de terre cuites au four en papillote à la purée ou les carottes crues aux carottes Vichy.

2. Refroidir un aliment fait baisser son IG. À vous donc les salades composées à base de pâtes, de riz ou de pommes de terre.

3. Qui dit fibres dit IG bas. Troquez vos pâtes et votre pain habituel pour leur version complète ou semi-complète. Augmentez vos apports en lentilles, en haricots secs, en pois chiche, en légumes, en fruits (2 à 3 par jour maxi)…

4. La cuisson *al dente* fait baisser l'IG. Prenez l'habitude d'enlever une minute au temps de cuisson indiqué sur vos paquets de pâtes et de riz.

TROIS CONSEILS EN PLUS

1. Buvez entre 1 litre et 1,5 litre d'eau par jour. Manger des fibres céréalières, c'est bon pour le transit, à condition de boire suffisamment pour qu'elles gonflent et jouent leur rôle une fois dans l'appareil digestif.
2. Si vous avez envie d'une douceur sucrée, ne la mangez pas entre les repas, gardez-la pour le dessert.
3. Si vous voulez aller plus loin, consultez *Ma bible IG*, écrite par le Dr Pierre Nys, aux éditions Leduc.s. C'est un guide très explicite et plutôt bien fait.

La patte de Brooklyn the Cat

Vu mon « petit » bidon, je me garderai bien de donner un quelconque avis sur la question.

DES ADRESSES POUR HABILLER VOTRE NOUVELLE SILHOUETTE

Au rayon de la mode « future maman », il y en a pour tous les styles... et pour tous les budgets.

À mon avis, ça vaut la peine d'investir dans de bons soutiens-gorge de grossesse, surtout si vous avez déjà une poitrine naturellement pulpeuse. J'achetais les miens sur *www.anita.com* et *www.enviedefraise.fr* (vérification faite, ils montent jusqu'au 115 H).

Je partirais aussi sur un nombre limité de pantalons, de jeans, de robes et/ou de jupes, mais bien coupés, dans de belles matières. Évolutifs, les bas sont pensés pour vous accompagner tout au long de la grossesse. Jetez un coup d'œil aux sites *emoi-emoi.com, www.seraphine.fr, www.noopies.com* ou à la toute récente marque écoresponsable *www.jolibump.com.*

En haut, en revanche, vous pouvez aller vers des plus petits prix pour changer plus souvent et ainsi coller au mieux à l'évolution de votre silhouette... et des saisons ! À vous les lignes grossesse de Kiabi, Asos, H&M, Gap, Orchestra... →

Des culottes et un maillot de bain de grossesse s'avèrent assez vite indispensables. Vertbaudet en fait des très bien, H&M aussi. Dans mon souvenir, la ligne Conscious d'H&M en coton bio est très agréable à porter.

Vous pouvez faire l'économie d'un manteau de grossesse : superposez plusieurs épaisseurs, achetez une grosse écharpe en maille que vous continuerez à porter après et laissez vos manteaux ouverts. L'option cape, que l'on peut porter les hivers suivants, c'est bien aussi, mais attention à sa longueur : ma mère est tombée dans les escaliers à 7 mois de grossesse en se prenant les pieds dans la sienne.

À noter : les vêtements de future maman, c'est comme les vêtements de bébé, mieux vaut systématiquement les laver une première fois avant de les porter, histoire d'éliminer un max de potentiels résidus chimiques.

DE DRÔLES D'ENVIES

Enceinte de ma princesse, j'avais envie de fondues savoyardes. Tout le temps. Dès 10 heures du matin. Les cours avaient à peine commencé que j'avais le goût de la fondue savoyarde dans la bouche. Une fois, j'en ai mangé trois en dix jours. Je trouvais ça drôlement bizarre comme envie. Jusqu'à ce que j'interroge mes copines. Verdict ?

Déjà, on s'est bien trouvées, elles sont au moins aussi étranges que moi. Ensuite, mon petit sondage m'a permis de distinguer deux ou trois grandes tendances de fond. Il y a celles qui auraient tout donné pour des produits détestés trois mois plus tôt (la crème de marrons pour Barbara, le vin rosé pour

Virginie). Celles qui ne rêvaient que de gras (ma belle-sœur Marie se serait damnée pour des frites, Jessica pour du poulet frit). Sans oublier les folles attirances franchement déconcertantes (Fanny ne jurait que par les petits pois lardons, Isabelle fantasmait sur des bons gros cassoulets, Sonia mangeait des poireaux vinaigrette matin, midi et soir). Mais la palme revient peut-être à Karine et à ses foies de morues quotidiens. Hommage au valeureux papa qui a bravement supporté leur odeur…

D'où viennent ces drôles d'envies ? Personne ne sait trop. Certains y voient un appel instinctif du corps qui cherche à combler des besoins nutritionnels bien précis. Pour d'autres, les futures mamans s'assurent ainsi du soutien et de l'affection de leurs proches, prêts à déplacer des montagnes pour leur trouver des fraises en plein hiver.

À NOTER : s'il vous prend soudainement l'envie de manger du papier ou l'éponge de la cuisine, n'appelez pas les urgences psychiatriques. Mais parlez-en tout de même à votre médecin ! Cette pulsion irrésistible mais rare qui pousse ses victimes à avaler des choses non comestibles porte le nom de maladie de Pica. Elle disparaît le plus souvent à la fin de la grossesse.

La patte de Brooklyn the Cat

Euh… vous êtes gentilles avec vos lubies bizarroïdes, mais vous ne touchez pas à ma pâtée !

4

Zoom sur l'écho morpho

La seconde échographie de dépistage anténatal, appelée aussi « échographie morphologique », se fait entre 20 et 22 semaines d'aménorrhée. Elle dure une trentaine de minutes. Rien n'échappe au contrôle du praticien : il mesure votre bébé, observe attentivement son cerveau, son visage, son cœur, ses poumons, son aorte et son artère pulmonaire, son appareil digestif, urinaire et génital, ses membres, sa colonne vertébrale… Il étudie aussi ses mouvements, sans oublier l'aspect du placenta, du liquide amniotique, des membranes et du cordon ombilical.

Contrairement à la première échographie, bébé est déjà trop grand pour apparaître en entier dans l'écran. Vous ne le verrez donc que par morceaux. Et le plus souvent, vous aurez du mal à les identifier ! Si votre petit habitant se montre coopératif et si vous le souhaitez, vous pourrez enfin savoir si c'est un garçon ou une fille. Impatiente et curieuse comme je suis, je n'aurais jamais pu imaginer attendre le jour de l'accouchement. Mais je reconnais que ce doit être une surprise sacrément jolie, le jour de l'accouchement. Ça complique juste un peu la recherche de prénom (voir p. 113, le chapitre « Un prénom top secret ») !

Tentée par une échographie 3D ?

Je vais être franche, je trouve les clichés d'échographies 3D assez moches, limite effrayants. Et autant je trouve merveilleux de pouvoir détecter et soigner d'éventuels problèmes *in utero*, autant je trouve cette nouvelle mode trop intrusive. Si bébé a besoin de neuf mois pour être fin prêt, nous aussi avons besoin de temps pour passer de l'image fantasmée que l'on se fait d'un nourrisson au petit être de chair et d'os à qui l'on va donner naissance. Même quand la grossesse est désirée, même quand on est folle de joie, ce processus psychologique demande du temps. Sans compter que bébé sera bien assez tôt mitraillé de photos ! Pourquoi ne pas lui laisser savourer encore un peu son intimité ? J'entends que la perspective de le voir sourire ou sucer son pouce bien plus distinctement qu'avec une échographie classique soit tentante. Mais l'imaginer, c'est bien aussi…

Conscience professionnelle oblige, j'ai tout de même voulu demander son avis au Pr Philippe Deruelle, gynécologue-obstétricien au CHRU de Lille et secrétaire général du Collège national des gynécologues et obstétriciens français. J'aime beaucoup travailler avec ce médecin, ses avis sont toujours mesurés : ils prennent en compte les impératifs médicaux, tout en restant à l'écoute des désirs et des besoins des futurs parents. Mais sur la question des échographies 3D, sa réponse est sans appel : il y est totalement défavorable. Comme d'ailleurs l'ensemble du Collège national des gynécologues et obstétriciens français, l'Académie de

médecine et l'Agence nationale de sécurité du médicament et des produits de santé.

« Les échographies non médicales ne sont pas pratiquées par des médecins ; or, en France, seuls les médecins, les sages-femmes ainsi que les manipulateurs d'électroradiologie médicale travaillant sous le contrôle des médecins, sont autorisés à pratiquer des échographies », rappelle le Pr Deruelle. « Bien que les techniciens effectuant des échographies non médicales s'interdisent de divulguer toute information médicale, les parents peuvent interpréter une image satisfaisante du fœtus comme la preuve de sa santé et de son intégrité et il peut en résulter pour les parents un faux sentiment de sécurité ». Autre problème qui interpelle sérieusement les professionnels de santé : « Les échographies non médicales exposent le fœtus à un risque potentiel lié aux effets biologiques des ultrasons, sans aucun bénéfice médical. L'échographie fœtale "souvenir" ou "de complaisance" nécessite d'exposer en continu aux ultrasons des parties localisées du fœtus (profil, face, organes génitaux...). La recherche de la qualité picturale maximale, ainsi que le désir de faire partager l'image à l'ensemble des personnes présentes lors de ces séances, peut amener à prolonger cette exposition statique. Les risques potentiels liés aux effets thermiques et mécaniques des ultrasons sur le fœtus sont alors estimés plus importants. »

PRÉCISIONS

- Pratiquée par un professionnel de santé, l'échographie 2D ne présente pas de risque connu pour le fœtus car l'exposition aux ultrasons est faible et dure peu de temps.

- Les échographies 3D commerciales coûtent entre 100 € et 200 € et ne sont évidemment pas prises en charge par l'Assurance maladie.

- L'échographie 3D pratiquée par un professionnel de santé en cas de suspicion d'anomalie physique lors de l'échographie 2D reste un outil diagnostic très intéressant dont l'utilité n'est absolument pas remise en question. Encore une fois, ce qui pose problème, ce sont les échos 3D « pour le plaisir ».

5

Un prénom top secret

Vous avez déjà rencontré quelqu'un qui n'avait pas de prénom ? Non. Donc, même si vous n'avez pas le début d'une idée, arrêtez de stresser. Cessez de vous mettre la pression en pensant aux copines déjà sûres et certaines de leur choix. Prenez ça comme un entraînement. C'est comme pour l'apparition de la première dent, l'acquisition de la marche ou l'arrêt des couches de vos futurs bébés respectifs : chacun(e) va à son rythme ! Si ça peut vous rassurer, on a trouvé le prénom du petit koala à presque 7 mois de grossesse. On en parlait depuis un bout de temps, sans en faire une obsession. On avait quelques pistes, mais aucune ne nous emballait vraiment. Un soir, j'étais allée voir un spectacle avec mon grand. Le futur papa m'a envoyé un texto me disant qu'il avait une idée de prénom. Quand il me l'a dit de vive voix, les yeux tout pétillants, ça a sonné comme une évidence : pourquoi n'y avait-on pas pensé plus tôt ?

Vous et le futur papa avez trouvé un prénom mais ce n'est pas le même ? Plusieurs options s'offrent à vous :

- La plus sage consiste peut-être à partir sur un tout autre choix. Et d'inscrire sur l'acte de naissance, en deuxième et troisième position, les prénoms qui vous tiennent à cœur. Mais évidemment, cela implique de recommencer à zéro.

- Accoler vos deux choix si le résultat sonne bien. En interrogeant des copines, j'ai appris qu'Anne-Jeanne et Léa-Sarah devaient leurs jolis prénoms composés à une divergence parentale.

- Faire un compromis. Jusqu'à 10 heures avant l'accouchement, un couple de copains n'avait toujours pas tranché. Elle a finalement eu gain de cause pour le prénom. En contrepartie, elle a accepté que sa fille porte le seul nom de famille du papa.

- Abdiquer et faire confiance à l'instinct paternel. C'est en tout cas ce qu'a fait Karine. « Tous les prénoms que j'ai proposés ont été rejetés… Et franchement, je crois qu'il a bien fait ! » Sophie ne regrette pas non plus de s'être laissée influencer. « Pour notre Daphné, je rêvais de Philomène ou de Joséphine, mais mon mari ne voulait vraiment pas. Finalement, je ne regrette pas car Daphné déteste les prénoms auxquels j'avais pensé ! »

Suivez votre instinct, faites-vous confiance.

Vous avez trouvé un prénom mais vous craignez qu'il ne plaise pas au principal intéressé ? Suivez votre instinct, faites-vous confiance. Voilà un autre très bon entraînement pour la suite. De toute façon, comme disait ce cher Freud, les enfants auront toujours quelque chose à reprocher à leurs parents. Une perspective angoissante ? Je trouve au contraire l'idée assez déculpabilisante. Acceptez dès maintenant que vous ne serez jamais des parents parfaits. Vous serez,

vous êtes déjà de bons parents pour votre enfant. Pour lui, vous serez prêts à déplacer des montagnes. Vous l'aimerez toute votre vie d'un amour inconditionnel. Même quand il pleurera toute la nuit. Ou, quelques années plus tard, quand il ne rentrera pas de la nuit. Que voudriez-vous donc bien faire de plus ?

Ceci étant dit, voici quelques suggestions si vous manquez d'inspiration ou craignez de faire un vrai faux pas.

Plongez dans vos souvenirs

Les prénoms sont chargés de symboles, d'histoires, de références. Quand on a connu une peste de Camille en primaire, on a beaucoup de mal à donner ce joli prénom à sa fille. À l'inverse, on peut être très tentée de l'appeler Alice quand on a toujours adoré ses histoires au pays des Merveilles. Vous êtes attachée à vos racines ? Cherchez du côté des prénoms typiquement régionaux. Tombée littéralement amoureuse de l'Islande, j'ai un temps lorgné du côté de leur calendrier. Mais en France, Agnar ou Svanur, c'est un peu compliqué à porter. Au final, le petit koala porte le prénom d'un des chanteurs préférés de son papa. Que je ne connaissais pas mais que j'écoute maintenant en boucle… Sa grande sœur porte le prénom d'une héroïne de théâtre et de chanson. Celui de son grand frère, à consonance espagnole en clin d'œil aux origines de mon ex-mari, est aussi celui d'un héros de dessin animé qui a bercé notre enfance. Trois prénoms à la fois ni trop courants, ni trop originaux. Ma définition du prénom idéal en quelque sorte.

Gardez son prénom secret jusqu'à l'accouchement

Tester vos prénoms préférés auprès de votre entourage pour vous aider à trancher, c'est une fausse bonne idée. Vous trouverez toujours une grande tante ou un petit frère encore un peu ado sur les bords pour critiquer ou carrément se moquer. Une fois devant le fait accompli, ils ne pourront plus dire grand-chose. Sans parler du risque de vous faire voler votre idée par une copine ou une cousine plus enceinte que vous.

Testez son prénom avec son nom de famille

Assurez-vous que le prénom de votre enfant se mariera bien avec son nom de famille. Généralement, on évite les prénoms composés quand l'enfant porte à la fois le nom de famille de son papa et de sa maman : ça commence à faire long. L'habitude veut aussi que l'on opte pour un prénom court si le nom de famille compte trois syllabes ou plus, et inversement. Personnellement, j'ai toujours surtout été sensible à la musicalité de l'ensemble.

Imaginez son prénom porté par un adulte

Certains prénoms, craquants pour un nourrisson ou un petit enfant, sont ensuite plus difficiles à porter au collège ou en réunion. Pour le petit koala, nous aimions beaucoup Merlin. Mais j'avais vraiment du mal à l'imaginer portant ce prénom du haut de son futur 1,85 m (on est grands dans la famille). Mais après, encore une fois, tout cela est extrêmement subjectif.

Facilitez la vie de votre enfant

Attention aux orthographes trop fantaisistes. Isabel, c'est joli, ça change. Devoir préciser toute sa vie comment s'écrit Ysabel ça peut devenir un peu lourd. Un *l* et un *t*, deux *l* et deux *t*, c'est facile à retenir. Un *l* deux *t*, deux *l* un *t*, tout de suite, c'est plus compliqué.

LE SAVIEZ-VOUS ?

- Il n'existe pas de liste de prénoms autorisés. Vous pouvez vous référer aux calendriers français comme aux calendriers étrangers. En revanche l'alphabet utilisé doit être celui qui sert à l'écriture du français. Les *ñ* ou les *ú*, il faut oublier.

- L'officier d'état civil a un rôle de garde-fou. S'il estime que le prénom choisi nuit à l'intérêt de l'enfant, il est tenu d'en avertir le procureur de la République. Mais rassurez-vous, il est rare d'en arriver là. En 2015, à titre d'exemple, « Nutella », « Prince William » ou « Mini Cooper » ont été retoqués par la justice. Même quand on aime le chocolat et l'Angleterre, ça peut se comprendre. Plus bizarrement « Fraise » aussi a été rejeté, alors que « Framboise » et « Clémentine » sont autorisés depuis très longtemps.

- Tout prénom inscrit dans l'acte de naissance peut par la suite être choisi comme prénom usuel. Mieux vaut s'en rappeler au moment de décider des éventuels deuxième et troisième prénoms. Dernière précision : ces prénoms complémentaires ne sont pas obligatoires et leur nombre n'est pas limité.

La patte de Brooklyn the Cat

Mes parents humains m'ont prénommé Brooklyn par amour pour le quartier du même nom. Je sais, ça fait un peu bobo sur les bords. Mais, au moins ça ne me colle pas la honte. Quand je pense à ce pauvre Brooklyn Beckham qui, à en croire Victoria et David, devrait son prénom à son lieu de conception…

6

Mille et une façons de me préparer

Avant l'arrivée de la péridurale, les futures mamans se voyaient proposer des séances de « préparation à l'accouchement sans douleur ». Aujourd'hui, elles sont invitées à suivre des cours de « préparation à la naissance et à la parentalité » ou PNP. Si l'intitulé a changé, l'idée reste la même : permettre aux femmes enceintes et à leur partenaire de se familiariser avec les mystères de la grossesse, de l'accouchement et des suites de couches pour les vivre dans les meilleures conditions possible. Un vaste programme, que les praticiens s'efforcent de condenser sur huit cours. Rien ne vous empêche d'en suivre davantage, mais seules huit séances de PNP sont prises en charge par l'Assurance maladie. Et ce, à condition qu'elles soient animées par un médecin ou, comme c'est le plus souvent le cas, par une sage-femme.

Elles sont invitées à suivre des cours de « préparation à la naissance et à la parentalité » ou PNP.

Généralement, la première séance de PNP a lieu au cours du 4e mois. Le praticien vous reçoit seule ou, dans l'idéal, accompagnée de la personne qui va attendre et accueillir bébé à vos côtés. Il s'intéresse à votre ressenti, psychique et physique, à votre activité professionnelle, à votre situation familiale… Si certaines questions vous gênent, vous n'êtes pas obligée d'y répondre. Mais n'y voyez aucune indiscrétion de sa part. Déprime inexpliquée, douleurs dorsales, futur papa qui panique, angoisses à l'idée d'annoncer votre grossesse à votre employeur… Le praticien doit connaître vos besoins pour essayer d'y répondre au mieux et vous orienter, si nécessaire, vers le bon interlocuteur (diététicien, psy, assistante sociale, ostéo…). C'est le moment ou jamais d'aborder tous les points qui pourraient vous tracasser. Et si vous ne vous sentez pas à l'aise, c'est aussi le moment ou jamais d'envisager de faire les séances restantes avec quelqu'un d'autre. Il est essentiel de vous sentir en confiance avec ce partenaire récurrent de votre grossesse. À l'issue de ce rendez-vous, le praticien propose généralement de planifier les sept prochaines séances, qui se déroulent le plus souvent en groupe.

Les séances de PNP n'ont rien d'obligatoire. Mais si vous avez le temps, accordez-vous ces petites parenthèses consacrées à votre bien-être et axées sur votre bidon. Ici, zéro crainte de barber vos voisines avec vos histoires de femme enceinte, vous êtes toutes dans le même bateau. Sceptique ? Suivez au moins une ou deux séances, ça ne vous engage à rien. D'autant plus qu'aujourd'hui, l'offre est telle que vous avez de grandes chances de trouver l'approche qui vous correspond le mieux. Rebutée pas le côté collectif des séances ? Rassurez-vous, il

Les séances de PNP n'ont rien d'obligatoire. Mais si vous avez le temps, accordez-vous ces petites parenthèses consacrées à votre bien-être et axées sur votre bidon.

existe des préparations où vous pouvez être seule (ou en couple) avec le praticien.

Dans la majorité des cas, les séances de PNP ont lieu au sein de l'établissement où vous avez prévu d'accoucher ou au cabinet de la sage-femme. Si vous devez rester alitée, cette dernière viendra vous les proposer à la maison. Pour trouver la PNP de vos rêves, interrogez votre gynécologue, faites marcher le bouche-à-oreille et suivez le guide.

Dans l'eau

Pour les deux grands, je n'avais pas pris le temps de suivre une PNP. Là, je me suis accordé ces petites parenthèses et je ne le regrette pas. Ma gynéco était top médicalement parlant, mais elle n'était pas super chaleureuse. Et même si j'avais déjà vécu deux grossesses et deux accouchements, je ressentais le besoin de vivre cet accompagnement privilégié avec une sage-femme. Je me suis adressée au plus gros cabinet de la ville, où chaque sage-femme a un peu sa spécialité. L'une fait de l'hypnose, l'autre de la sophrologie… J'ai choisi Gaëlle car ses séances de PNP se déroulent dans l'eau : au lieu de faire asseoir les futures mamans autour d'elle, elle leur explique tout ce qu'il y a à savoir tout en barbotant à leurs côtés dans une petite piscine super chauffée (la même que celle utilisée par les bébé-nageurs). Au programme : des petits mouvements de gymnastique, des étirements et les réponses à tout ce qui peut nous questionner. La péridurale comporte-t-elle des risques ? Quels signes nécessitent d'aller aux urgences ? Comment soulager les reflux ? Portées par l'eau, on a ainsi partagé pendant plusieurs semaines nos petits bobos et beaucoup de rires. J'ai adoré !

Qu'elle se fasse sur la terre ferme ou dans l'eau, c'est ça une PNP : de la théorie, de la pratique (exercices de respiration et de relaxation, mouvements de gymnastique adaptés) et une certaine complicité qui finit par s'instaurer dans le groupe.

Avec de la sophrologie

Les fondements de la sophrologie ont été posés il y a plus de 50 ans par Alfonso Caycédo. S'inspirant à la fois de son expérience médicale de l'hypnose et de ses voyages en Asie où il a découvert le yoga et le bouddhisme, ce neuropsychiatre espagnol a élaboré un panel de techniques très complémentaires destinées à améliorer l'harmonie entre le corps et l'esprit. Sa conviction, auxquels adhèrent de plus en plus de psys ? La relaxation musculaire amène la détente mentale, et inversement.

Concrètement, ça se passe comment ? Toute séance de sophrologie débute par des mouvements doux : on fait travailler son cou, sa taille, ses genoux, on s'étire… Cette détente musculaire permet d'identifier les tensions qui empêchent une bonne circulation de l'énergie, pour mieux pouvoir ensuite les relâcher. Autre point sur lequel le sophrologue va vous amener à travailler : votre respiration. Car bien respirer, ça s'apprend, et ça permet de mieux gérer son stress et ses émotions. Viennent ensuite les phases de relaxation puis de visualisation positive. Bien que cette partie de la séance puisse y faire penser, le sophrologue ne va en aucun cas vous hypnotiser. Il va simplement vous amener à utiliser des images pour induire une détente mentale, activer des sensations ou des pensées positives et ainsi vous aider à vous projeter de manière rassurante. Pour que ces outils soient efficaces, le sophrologue va dans un premier temps vous guider pour vous permettre de les expérimenter et choisir ceux qui vous conviennent le mieux. Vous vous entraînerez ensuite à les utiliser au quotidien, de préférence quand vous vous sentez bien, pour pouvoir, et c'est le but ultime, les utiliser au mieux au moment de l'accouchement.

☺ **Mon avis ?** En apprenant à gérer votre douleur via des visualisations et des exercices de respiration, à accueillir vos émotions, vous mettez toutes les chances de votre côté pour bien vivre votre accouchement. Pas étonnant que de plus en plus de sages-femmes se forment à la sophrologie.

C'est remboursé ? Oui, si les séances de sophrologies sont menées par un médecin ou une sage-femme et sont une composante de la PNP. Si vous faites des séances de sophrologie en parallèle de votre PNP, il faudra compter entre 35 € et 50 € la séance.

Avec de l'haptonomie

Peut-être avez-vous déjà entendu parler de cette technique développée par un médecin néerlandais, Frans Veldman, dans les années 1950. Signifiant littéralement « toucher affectif », elle consiste à entrer en communication avec bébé *in utero*, via le toucher et la voix. Ses principaux atouts ? Elle permet de faire un peu mieux connaissance avec ce petit être mystérieux. Elle aide votre partenaire à créer lui aussi du lien avec son enfant. Et quand bébé comprime un peu trop votre vessie ou vos poumons, vous pouvez l'inviter par des gestes doux à se déplacer un peu. À en croire les spécialistes de l'haptonomie, sa pratique régulière permettrait aussi de faciliter l'accouchement : les parents exercés seraient plus à même de guider leur bébé en douceur vers la sortie.

Elle aide votre partenaire à créer lui aussi du lien avec son enfant.

☺ **Mon avis ?** Je suis partagée. C'est une approche intéressante, à condition de bien choisir votre praticien. Ce dernier ne doit pas se limiter à la dimension psycho-affective de l'haptonomie, il doit aussi vous délivrer des informations pratiques sur la grossesse et l'accouchement. J'avais été tentée lors de ma première grossesse mais finalement je ne regrette pas d'avoir renoncé. J'ai toujours beaucoup parlé aux enfants avant leur naissance. Je suis une grande bavarde, on ne se refait pas ! Et instinctivement, je touchais beaucoup mon ventre : pour les rassurer d'une caresse s'il y avait un bruit fort ou si j'étais stressée ; pour les pousser gentiment quand ils appuyaient trop sous mes côtes... Cela peut paraître prétentieux, mais je n'avais pas l'impression d'avoir besoin d'un spécialiste pour m'y aider. En tout cas, je n'avais pas envie de partager avec un inconnu ces échanges entre mon bébé, son papa et moi.

Comment trouver un praticien ? Consultez *www.haptonomie.org*, l'annuaire en ligne du site. En France, les praticiens formés à l'haptonomie sont essentiellement des sages-femmes. Mais il y a aussi des médecins généralistes, des psychiatres, des psychologues, des pédiatres, des ostéopathes…

C'est remboursé ? J'ai trouvé des informations très contradictoires. En théorie, même pratiquées par une sage-femme ou un médecin, les séances d'haptonomie ne peuvent pas être considérées comme des séances de PNP prises en charge par l'Assurance maladie. Posez malgré tout la question à votre praticien. Mais partez plutôt dans l'idée qu'il vous faudra débourser une cinquantaine d'euros par séance.

Avec de l'hypnose

Stop aux fantasmes ! Du moins en matière d'hypnose. L'hypnose thérapeutique contemporaine n'a rien à voir avec une prise de contrôle de votre esprit, bien au contraire. Le jour de l'accouchement, elle aide à « garder la main » et à ne pas se laisser submerger par l'intensité des contractions. Pendant la grossesse, elle contribue à vivre plus sereinement l'arrivée de bébé, à soulager d'éventuelles douleurs…

Concrètement, ça se passe comment ? L'hypnothérapeute modifie votre état de conscience afin de vous amener dans un état à la fois d'hypervigilance et d'hypermémorisation. Votre esprit est alors prêt à entendre des suggestions positives propres à diminuer votre perception de la peur et de la douleur. À aucun moment vous n'êtes endormie ou privée de votre libre arbitre.

Mon avis ? Quand les séances sont menées par un praticien bien formé, je suis convaincue des propriétés analgésiques de l'hypnose. Après tout, on fait bien des soins dentaires voire des opérations chirurgicales sous hypnose.

Où trouver un praticien ? Allez sur le site de l'Institut français d'hypnose (*www.hypnose.fr*). Département par département, vous y trouverez la liste des hypnothérapeutes spécialisés en obstétrique.

C'est remboursé ? Oui, si les séances sont menées par un médecin ou une sage-femme et entrent dans le cadre de la PNP.

Avec du yoga

Difficile de résumer toutes les vertus du yoga prénatal en quelques lignes. En effet, le yoga ne se contente pas d'apporter une profonde zénitude. Il va aussi vous aider à prendre conscience de votre souffle et de votre périnée, ce qui s'avérera très utile le jour J. Il va soulager vos douleurs lombaires, alléger vos jambes lourdes, dynamiser votre transit, booster votre énergie…

Concrètement, ça se passe comment ? Toutes les séances commencent par des exercices respiratoires, pratiqués le plus souvent assise en tailleur. Puis on enchaîne tranquillement des postures spécialement pensées pour les femmes enceintes et leurs gros ventres.

Mon avis ? J'ai participé à 3 ou 4 cours mais je n'ai pas accroché. Je préférais être en mouvement dans ma chère piscine bien chaude. Ceci étant dit, je ne vois que du bon dans la pratique du yoga pendant la grossesse. À condition bien sûr de suivre un cours spécifiquement dédié aux femmes enceintes, après vous être renseignée sur les compétences du professeur. La période est au culte du bien-être et on voit fleurir des cours de yoga à tous les coins de rue. Or il n'existe pas de diplôme d'État reconnaissant le statut de professeur de yoga.

Pour faire le bon choix, orientez-vous vers un cours de 10-15 élèves maximum. Au-delà, le professeur n'a pas la possibilité de passer parmi vous pour corriger vos postures. Surtout, gardez à l'esprit que c'est au yoga de s'adapter à vous et non l'inverse. Les cours sont censés être accessibles même à celles qui n'ont jamais fait de yoga. Fuyez les professeurs trop exigeants qui ne tiendraient pas compte de vos difficultés. À la fin du cours d'essai, même si vous n'êtes pas parvenue à effectuer la moitié des postures, vous devez ressentir un réel bien-être. Si ce n'est pas le cas, peut-être faut-il simplement tester un autre cours.

Où trouver un praticien ? Interrogez vos copines, votre gynécologue, votre sage-femme. Vous pouvez aussi vous rapprocher de la Fédération française de hata yoga (*www.ff-hatha-yoga.com*)

C'est remboursé ? Non, le yoga n'est pas considéré comme une PNP à proprement parler. Les tarifs des cours démarrent généralement à 10 € de l'heure.

Avec du watsu

Encore peu connu en France, le watsu, c'est un peu du « shiatsu dans l'eau ». Cette pratique est née dans les années 1980 en Californie, sous l'impulsion d'Harold Dull. Après un séjour au Japon auprès d'un maître de zen shiatsu, Harold Dull a eu l'idée d'expérimenter le zen shiatsu dans des bassins naturels d'eau chaude pour en multiplier les bienfaits relaxants. Il a ensuite développé sa pratique jusqu'à mettre au point le watsu tel qu'on le connaît aujourd'hui.

Concrètement, ça se passe comment ? Avant tout, le praticien s'assure que vous ne présentez aucune contre-indication (contractions pathologiques, hypertension). Il vous interroge aussi sur vos motivations, votre rapport à l'eau, vos éventuelles douleurs… La séance débute ensuite généralement par quelques minutes de relaxation, assise au bord du bassin. Puis le praticien vous invite à le rejoindre au milieu du bassin chauffé à 34 °C-35 °C et à vous positionner face à lui, les pieds bien ancrés au sol. Après avoir équipé vos mollets de flotteurs, il vous prend les mains et vous allonge sur le dos. Durant les 45 minutes qui suivent, il enchaîne des mouvements doux et amples, des étirements, des pressions avec ses doigts... Ces techniques ont pour objectif de relâcher les pressions sur les nerfs de la colonne et sur ses points de rigidité, ce qui favorise la libre circulation de l'énergie le long des méridiens. Allié à l'effet relaxant de l'eau chaude, cela permet d'accéder à un bien-être profond et de rétablir un bon équilibre entre le corps et l'esprit. Il n'y a rien de tel pour lâcher-prise et perdre la notion du temps qui passe. À la fin de la séance, le praticien vous ramène doucement vers le bord, libère vos mollets des flotteurs et vous redresse progressivement jusqu'à ce que vous teniez de vous-même debout contre le bord.

Pourquoi c'est bien, quand on est enceinte ? L'apesanteur soulage les douleurs lombaires et les sensations de jambes lourdes. Malgré les kilos en plus, on se sent plus légères et plus libres de nos mouvements que sur la terre ferme. Pour se relaxer et voir approcher le jour de l'accouchement avec moins d'appréhension, il n'y a pas mieux. D'après les spécialistes, éprouver des sensations similaires à celles de leur bébé qui baigne dans le liquide amniotique permettrait aussi aux futures mamans de mieux entrer en interaction avec leur enfant.

☺ **Mon avis ?** Je n'ai pas fait de watsu lorsque j'étais enceinte. Mais j'ai testé à trois reprises et vu le bien-être que j'ai ressenti à chaque fois, je vous dirais de foncer. Même si vous avez peur de l'eau. Littéralement portée par un praticien aguerri et bienveillant, c'est le moment ou jamais d'essayer d'apprivoiser l'élément aquatique pour profiter de ses bienfaits.

Où trouver un praticien ? Rapprochez-vous de l'École française de watsu et de massage aquatique (*www.ecolewatsu.fr*) ou de l'association Watsu France (*watsu-france.org*), ils pourront vous renseigner. La plupart des praticiens sont à la base des maîtres-nageurs, des kinésithérapeutes, des praticiens de shiatsu... L'essentiel est de vous adresser à quelqu'un ayant suivi une formation, généralement en 2 ou 3 ans, et ayant souscrit au code de déontologie qui régit cette pratique depuis 2010.

C'est remboursé ? Non, car les séances de watsu ne sont pas considérées comme une PNP à proprement parler. Les tarifs peuvent être très variables d'un praticien à l'autre mais la séance démarre en général à 40 €.

Avec du chant prénatal

Le chant prénatal a été développé dans les années 1970 par la chanteuse lyrique Marie-Louise Aucher. À l'instar de l'haptonomie, il vise à entrer en contact avec bébé *in utero*, non pas par le toucher mais par des vibrations sonores bien spécifiques. Parce qu'il oblige à travailler son souffle et la posture de son bassin, c'est aussi un allié précieux pour mieux vivre les changements corporels induits par la grossesse. Sans parler du plaisir pur et simple de s'exprimer par le chant, portées par la dynamique du groupe. Tout simplement... euphorisant.

Concrètement, ça se passe comment ? Les ateliers débutent par des étirements, des échauffements et des mouvements du bassin pour apprendre à bien le positionner (on a souvent tendance à être trop cambrées) et ainsi soulager son dos. Place ensuite aux exercices vocaux et à l'apprentissage de mélodies que bébé prendra plaisir à réentendre quand il sera dans vos bras.

Mon avis ? J'aurais adoré pouvoir faire du chant prénatal. Au moins, là, j'aurais eu le droit de chanter, ce qui n'est pas le cas à la maison ! Plus sérieusement, je crois beaucoup aux vertus du chant sur le souffle. Et on sait à quel point il est important de bien respirer pour gérer les contractions le jour de l'accouchement. Après, je suis plus sceptique sur le fait que ce chant bien spécifique renforce les liens mère-enfant. Fredonner ses chansons préférées ou des comptines pour en faire profiter bébé *in utero* peut à mon sens suffire. Mais encore une fois, je n'ai pas testé.

Où trouver un praticien ? Consultez l'annuaire en ligne de l'Association française chant prénatal musique & petite enfance sur *www.chantprenatal.com*

C'est remboursé ? Non, mais les sages-femmes formées peuvent inclure cette pratique dans leurs cours de PNP. Les séances de chant prénatal coûtent entre 15 € et 20 €.

La patte de Brooklyn the Cat

Si je dormais moins, je cogiterais sur des cours de préparation à la naissance auxquels nous pourrions nous aussi participer. Après tout, nous aussi on doit s'adapter à tous ces changements !

ON A LE DROIT DE SÉCHER LES COURS

On peut ne pas avoir l'envie ou le temps de suivre une PNP et devenir une super maman. Et ça s'applique aux deux parents ! L'implication du partenaire ne se mesure pas à son assiduité à assister aux cours. Certes, c'est une très bonne chose qu'il existe aujourd'hui des groupes de parole réservés aux hommes. Souvent, ils parviennent à y parler plus librement de leurs attentes, de leurs appréhensions... Mais même dans ces conditions, certains y vont à reculons. Faire peser sur eux une pression culpabilisante ne changerait rien à l'affaire. Cherchez simplement à savoir ce qui bloque. Si c'est le côté groupe, proposez à votre partenaire de rencontrer la sage-femme en tête à tête, prêtez-lui ce petit guide, offrez-en lui un spécifiquement dédié aux futurs papas... Si le fait d'être très informé aggrave son anxiété au lieu de la calmer, invitez-le à s'investir autrement. Il peut vous masser les jambes et la nuque (presque) tous les soirs, devenir expert en matériel de puériculture, repeindre la chambre de bébé...

7

La shopping list idéale

Vous ne savez pas par où commencer pour aménager sa chambre ? Les grands-parents vous demandent déjà ce qu'ils pourraient vous offrir ? On va essayer d'y voir un peu plus clair et de faire le tri entre l'indispensable et le superflu. Je ne m'étends pas sur la garde-robe de bébé : s'il y a un secteur d'achats où l'on peut y aller au feeling, c'est celui-là (en plus j'en parle un peu p. 191, au chapitre « Dans ma valise pour la maternité, il y a … »). Une dernière précision de taille puisqu'elle concerne la sécurité : je ne le redis pas pour chaque équipement, mais assurez-vous que vos achats ou vos objets empruntés sont, au minimum, estampillés « Norme EN » et/ou « Norme NF ».

Assurez-vous que vos achats ou vos objets empruntés sont, au minimum, estampillés « Norme EN » et/ou « Norme NF ».

Pour son sommeil

Un lit : d'occasion, c'est très bien

Il existe de magnifiques lits et berceaux pour bébés. Ultra-design, ils sont aussi souvent ultra-chers. Si vous voulez vous faire plaisir, foncez. Mais vous pouvez tout aussi bien emprunter un lit à barreaux à des amis qui n'en ont plus l'usage. Ou acheter le modèle premier prix du plus célèbre des marchands de meubles suédois. Les points à vérifier pour une sécurité optimale ? L'espacement des barreaux ne doit pas dépasser 6 cm ; la hauteur entre le dessus du matelas et le haut du lit doit être d'au moins 50 cm ; la peinture doit être en parfait état, tout comme les lattes et les systèmes de fixation.

À NOTER : les premières semaines, laisser bébé dormir dans votre lit peut-être tentant, surtout si vous allaitez. Mais beaucoup d'experts sont opposés au « cododo », notamment pour des raisons de sécurité. Je les rejoins totalement. Ça peut paraître *old school*, mais je reste convaincue que chacun doit dormir dans son lit. Ce qui bien entendu n'empêche pas, les premiers temps, de garder le lit de bébé dans la chambre parentale.

Un matelas : neuf de préférence

Investissez dans un bon matelas. Neuf, ferme et traité contre les acariens, les bactéries et les moisissures, un matelas est plus hygiénique et plus sécure. Surtout, assurez-vous qu'il est parfaitement adapté aux dimensions du lit : il ne doit pas y avoir d'espace entre les parois du couchage et les bords du matelas. Compléments indispensables : au moins une alèse, et deux ou trois draps.

Une gigoteuse : indispensable

Vous le savez probablement déjà, pour limiter les risques de mort subite du nourrisson, bébé doit dormir sans oreiller ni couverture. Pour qu'il n'ait pas froid, il faut donc l'installer dans une gigoteuse (ou turbulette). Son épaisseur se choisit en fonction de la température qui règne dans la chambre.

Un doudou : incontournable

Très symbolique, c'est souvent l'un des tout premiers achats que l'on fait pour bébé. Très tôt dans la grossesse, j'en avais acheté un très joli pour chacun des trois enfants. Mon instinct maternel avait-il deviné à quel point ils seraient attachés à leur doudou ? Possible : les deux grands conservent précieusement le leur sur une étagère, le petit koala voue au sien un amour fou. Mais mon fameux instinct maternel n'avait pas vu venir qu'aucun de mes trois enfants n'allait adopter MON doudou. À chaque fois, ils ont choisi l'élu de leur cœur – une poupée en chiffon, un singe, un chien – parmi les cadeaux de nos proches. Et c'est à noter, leurs doudous ont un peu les mêmes caractéristiques : ils mesurent une vingtaine de centimètres, ils sont relativement aplatis et ils ont des membres allongés, faciles à saisir pour leurs petites mains. Je le précise, si ça peut contribuer à faire adopter VOTRE doudou…

Une veilleuse : plus confortable

Les enfants ont rarement peur du noir avant 3-4 ans. Il n'y a donc pas nécessairement d'urgence à installer une veilleuse dans leur chambre. Sauf que pour apaiser une petite faim nocturne sans allumer une lumière trop forte, c'est drôlement pratique. Nous, on aime bien la veilleuse Super Nomade de Pabobo. Elle éclaire juste ce qu'il faut et comme son nom l'indique, elle se glisse facilement dans une valise.

Un mobile : apprécié des bébés

Les avis divergent sur l'intérêt des mobiles musicaux fixés au-dessus du lit. Certains estiment qu'ils stimulent inutilement les nourrissons. Bien choisis, je trouve qu'ils peuvent faire partie intégrante du rituel d'endormissement. Évidemment, les coloris des sujets suspendus doivent être doux, la petite musique qui accompagne leur ronde aussi. Mes trois enfants ont eu un mobile musical. Quand ils dormaient chez leurs grands-parents ou nous accompagnaient à l'hôtel, on glissait le mécanisme musical (il est amovible) dans les bagages pour ne pas trop perturber leurs habitudes de coucher.

Un baby-phone : au cas par cas

Habitant en appartement, avec leur chambre juste à côté de la nôtre, je n'avais jamais ressenti le besoin d'acheter un baby-phone pour les deux grands. Cette fois, c'était différent, la maison est grande et la chambre du petit koala éloignée de la nôtre. Nous avons donc investi dans un baby-phone connecté. Je n'aime pas trop le côté « voyeur » de la caméra, mais c'est quand même bien pratique, notamment pour s'assurer qu'aucun chat n'est resté dans la chambre malgré nos précautions. On a opté pour la Nest Cam Indoor et on l'a installée dans l'extrémité de la chambre opposée à son lit. On en est très contents. Je me demande juste si le moment

venu, on sera capables de couper le son et l'image. On s'habitue vite à ce petit confort technologique…

Un tour de lit : à oublier

Certains modèles sont très jolis, mais mieux vaut oublier. Tout comme les oreillers et les couvertures, le tour de lit fait partie des accessoires à bannir du lit de bébé si on veut limiter les risques de mort subite du nourrisson.

Une tétine : c'est très personnel

Dans l'absolu, je fais plutôt partie des « anti-tétine ». C'est un vaste débat et c'est un parti pris tout à fait subjectif. Malgré tout, j'en avais glissé une dans ma valise pour la maternité, les trois fois : certains bébés ont un besoin de succion un peu plus prononcé que la moyenne et comme on ne peut pas le savoir à l'avance… Finalement je n'en ai jamais eu l'utilité. Pour être tout à fait franche, je l'ai proposée une fois à ma princesse, deux ou trois fois au petit koala : quand on est épuisée face à un bébé inconsolable, on révise son avis sur la question de la tétine ! Mais ils ont du ressentir mes réticences : à chaque fois, ils l'ont recrachée vigoureusement.

La patte de Brooklyn the Cat

La grande blonde ne craignant pas les poils de chat, elle m'a toujours laissé dormir dans le transat ou la poussette du petit koala. Elle dit que ça l'immunise contre les allergies et que ça m'évite d'être trop jaloux. En revanche ma colocataire Gribouille est super forte, elle sait ouvrir les portes ! Et ça, ça inquiétait la grande blonde : elle redoutait que Gribouille ne s'allonge sur le petit koala pendant que tout le monde était endormi dans la maison. Alors elle a bricolé la poignée de la porte de sa chambre et l'a mise à la verticale. Mais elle m'a promis que bientôt le petit maître serait assez grand pour qu'on ait le droit de dormir avec lui.

Pour ses repas

Si vous avez prévu d'allaiter

Un soutien-gorge d'allaitement : incontournable

Difficile de s'en passer vu qu'il est spécialement conçu pour pouvoir découvrir uniquement le sein au moment de nourrir bébé. Achetez-le au 8e mois de grossesse, en prévoyant d'en acheter un deuxième modèle environ 15 jours après l'accouchement, quand la taille de vos seins se sera à peu près stabilisée.

Des coussinets d'allaitement : indispensables

Glissés entre vos seins et votre soutien-gorge, ils absorbent les petites fuites de lait et vous évitent de vous retrouver avec des

auréoles humides du plus charmant effet. Mais surtout, ils évitent à vos mamelons de macérer dans l'humidité. Et ça, c'est primordial pour limiter les risques de crevasses.

Un coussin de maternité : plus confortable

Quasiment toutes mes copines en ont acheté un. Enceintes, elles se blottissaient contre lui pour trouver une position de sommeil à peu près confortable. Puis elles s'en servaient pour bien se caler et donner le sein sans se faire mal au dos. Même quand on opte pour le biberon, c'est plus confortable. J'aurais donc tendance à vous le recommander, en choisissant de préférence un modèle garni de microbilles. Mais ne me demandez pas pourquoi, je n'en ai jamais eu. Un tort, d'après mes lombaires, mes cervicales et mon ostéopathe.

Un tire-lait : au cas par cas

Rien ne vous oblige à vous équiper d'emblée. Mais si vous voulez allaiter plusieurs mois, cela peut s'avérer très utile. Pour un usage ponctuel, les tire-lait manuels suffisent amplement. Si vous allaitez en ayant repris le travail, mieux vaut souvent opter pour un tire-lait électrique double-pompage : il vous permettra de vider vos deux seins en 15 minutes.

Si vous avez prévu de lui donner le biberon

Des biberons et des tétines : oui, mais combien et lesquels ?

Personnellement j'ai toujours préféré le plastique au verre et, pour les tétines, le silicone au caoutchouc. J'ai acheté du AVENT Natural pour les trois enfants. Les biberons sont larges, ça facilite la prise en main, autant pour nous que pour eux quand ils grandissent. Ils sont compatibles avec le tire-lait manuel de la même marque. Les tétines sont physiologiques et elles résistent plutôt bien aux petites dents (attention, quelle que soit la marque, ça n'empêche pas de vérifier régulièrement leur état).

À NOTER : les biberons existent en trois contenances : 125 ml, 250/270 ml (ça dépend des marques) et 330 ml. Le mieux est peut-être de démarrer avec deux biberons de 125 ml et un biberon de 250/270 ml. Côté tétines, vous avez aussi pas mal de possibilités. Pour le démarrage, partez sur des tétines « nouveau-né ». Personnellement, je n'ai jamais aimé celles à débit variable, mais c'est très subjectif.

Un stérilisateur : pas indispensable

Aujourd'hui, la stérilisation des biberons n'est plus recommandée que pour les bébés prématurés ou fragilisés par un problème de santé. Pour les autres, un nettoyage dans les règles de l'art (eau chaude, liquide vaisselle, goupillon) suffit.

Un chauffe-biberon : pas indispensable

J'ai habitué les trois enfants à boire leur lait à température ambiante : quand on se baladait, ne pas avoir besoin de courir à droite ou à gauche pour faire réchauffer leur biberon, c'était précieux. Sinon, le chauffe-biberon est évidemment plus pratique que le bain-marie, surtout en pleine nuit. Le micro-ondes, en revanche, est vraiment déconseillé, à cause des risques de brûlure et d'altération des propriétés du lait.

Dans tous les cas

Des bavoirs en tissu

Pour le petit koala, ma copine Anne-Jeanne nous a offert des modèles qui ferment non pas derrière le cou mais sur le côté, j'ai trouvé ça drôlement pratique.

Pour sa toilette et son change

Une baignoire en plastique ou un transat de bain : indispensable

Votre choix va en grande partie dépendre de la façon dont votre salle de bains est équipée et votre logement agencé. Si vous avez un bac de douche, une baignoire en plastique équipée d'un bouchon de vidange fera très bien l'affaire. Si vous avez une baignoire, un transat de bain vous facilitera la vie.

Un thermomètre pour le bain : irremplaçable

La température de l'eau n'est pas toujours facile à évaluer. Achetez un modèle basique en plastique, mais utilisez-le systématiquement.

Des couches et des produits pour le change : bio de préférence

Pour le bien-être des fesses du petit koala et celui de la planète, on a opté pour des couches bio. Les lingettes, que l'on utilise uniquement en balade, sont bio aussi. À la maison, on le nettoie avec du liniment déposé sur des grands carrés de coton, bio aussi. 100 % naturel, ce mélange huile d'olive-eau de chaux est efficace, pratique (il ne se rince pas et il laisse un film protecteur sur la peau).

Une trousse peau douce : indispensable

Pour parer à tout, glissez-y :

- un produit lavant 2 en 1 pour bébé ;
- une crème hydratante pour bébé : sa peau fine et déshydratée a besoin d'être bien nourrie ;
- une crème pour le change, en cas de rougeurs ;
- un coupe-ongles ou des ciseaux adaptés à son âge ;
- La brosse à cheveux, c'est très mignon, mais les premières semaines on en a rarement l'utilité.

Une table à langer : quasi-indispensable

Si vous manquez de place, rien ne vous empêche de poser le matelas à langer de bébé sur votre lit. Mais le plus confortable est d'installer une table à langer dans sa chambre ou la salle de bains. Pour choisir la mienne, j'ai veillé à la hauteur du plateau (mon dos est assez malmené comme ça). Je voulais aussi un modèle très large et très stable : même en faisant très attention, j'ai toujours été un peu angoissée par le risque de chute. La STUVA d'Ikea répondait à tous ces critères, avec en prime des grands tiroirs et la possibilité de la transformer par la suite en commode ou en bureau.

À NOTER : pensez à acheter deux ou trois housses pour le matelas de la table à langer.

Une poubelle à couches : pratique mais chère à l'usage

J'en ai acheté une alors que je m'en étais très bien passée les deux premières fois. C'est un petit confort supplémentaire. Mais en cas de selle vraiment odorante, ces poubelles ne tiennent pas forcément leur promesse de ne rien laisser passer. Et surtout, si la poubelle en elle-même n'est pas spécialement chère, les recharges de sacs font tout de suite grimper le budget couches.

La patte de Brooklyn the Cat

Le premier matelas à langer était un modèle gonflable. Soi-disant que je l'aurais tué au bout de 15 jours. Mais, à part de minuscules trous un peu partout, ils n'ont aucune preuve…

Pour son éveil

Les premières semaines, votre présence et celle de vos proches vont suffire au bonheur de votre bébé. Pour l'éveiller au monde, rien ne vaut des bras qui le portent, des mains qui le caressent, des voix qui le bercent, des odeurs qui le rassurent. Pour la suite, personnellement, j'ai une préférence pour les jeux en bois qui fonctionnent sans pile. Je m'explique. Qui dit piles dit lumières qui clignotent et bruits dans tous les sens. Or nous sommes en permanence sollicités par des stimuli sonores et visuels, bébés compris. Autant ne pas en rajouter. Je ne suis pas spécialement branchée décroissance, mais quand je vois mon petit koala se régaler à transvaser l'eau de son bain dans une petite bouteille en plastique… Donc, les premiers mois, si vous cherchez des idées de cadeaux d'éveil, je vous conseillerais :

- un tapis d'éveil pas trop chargé, où bébé pourra bouger à sa guise ;
- une balle de préhension Montessori ;
- des hochets ;
- des livres, des livres, des livres.

Pour ses balades

Une poussette : indispensable

C'est souvent une grosse part du budget mais je vois mal comment on peut s'en passer. Et rien ne vous empêche d'aller vers l'occasion : les modèles un peu coûteux vieillissent bien en général.

Portrait-robot de la candidate idéale : difficile à dire, tout dépend de vos besoins. Si vous utilisez votre voiture tous les jours, un châssis sur lequel fixer la coque-auto et ainsi transporter bébé sans le réveiller est une bonne option. Si vous prenez les transports en commun, vous devrez surtout prêter attention au poids, à l'encombrement et à la facilité de pliage.

☺ **Notre choix :** l'Armadillo Flip de Mamas & Papas®. Le (beau)-papa a passé des heures et des heures sur le Net pour trouver la perle rare. Lire des avis sur les forums, fouiller les blogs, comparer les caractéristiques techniques, il adore ça. Et à l'heure de trancher, il ne se trompe jamais. Très tôt dans notre relation, il a donc hérité de la fonction « je choisis le matériel hi-fi, électroménager et puériculture ». Pour en revenir à notre poussette, elle coûte cher (merci mamie), mais elle tient ses promesses. Ce qui nous a le plus séduits ? Son côté tout-en-un. Parce qu'elle est réversible (bébé vous regarde puis regarde la route devant lui) et que l'assise passe graduellement de la position totalement allongée à la position assise, cette poussette s'utilise de la naissance jusqu'à 3-4 ans.

À NOTER : pensez aux accessoires météo-dépendants. Une chancelière pour affronter les frimas, une protection contre la pluie, une moustiquaire, c'est très utile. L'ombrelle, en revanche, on peut s'en passer. La plupart des poussettes sont équipées d'un pare-soleil. Après avoir déplié celui de notre poussette, on complétait avec un grand tissu blanc type lange pour mettre petit koala à l'abri des UV et de la luminosité.

Un siège-auto : quasi-indispensable, même sans voiture

Nous n'avons pas de voiture et pourtant nous avons toujours eu un siège-auto. Il nous a servi dès la sortie de la maternité quand papou est venu nous chercher.

Portrait-robot du candidat idéal : pour un nourrisson, il vous faut une nacelle (groupe 0) ou une coque (groupe 0 +). Quel que soit votre choix, préférez un modèle neuf qui répond à la norme I-Size. Sur ce coup-là, je vous déconseille l'occasion. Ensuite, tout dépend de vos habitudes de vie... Si vous utilisez votre siège-auto tous les jours, allez vers un modèle déhoussable (plus facile à entretenir) et pivotant (vous vous contorsionnerez moins pour installer bébé).

☺ **Notre choix** : l'Aton Q de Cybex. « Il s'adaptait à notre poussette et surtout c'était un des plus ergonomiques sur le marché pour les tout-petits », m'a rappelé le (beau)-papa quand je lui ai demandé pourquoi ce modèle en particulier.

Un porte-bébé : très utile

Pour avoir expérimenté les couloirs du métro parisien et leur absence d'ascenseur avec un bébé (ma princesse), j'ai toujours été très adepte du porte-bébé. Mais attention, même si certains modèles sont pensés pour, l'été, quand les températures grimpent, mieux vaut promener bébé en poussette : jusqu'à 6 mois, son organisme ne sait pas réguler sa température interne. Et blotti contre vous, il peut vite avoir très chaud.

Portrait-robot du candidat idéal : avant tout, vous devez pouvoir l'utiliser seule. Le mieux est donc de tester avant d'acheter. La courbure naturelle du dos de bébé doit être respectée, sa tête bien soutenue et son petit visage bien dégagé quand il est contre vous.

☺ **Notre choix** : le BabyBjörn Miracle. Il est facile à manipuler et s'adapte à toutes les morphologies de porteurs. Petit koala avait l'air de s'y sentir bien et je ne me rappelle pas avoir eu mal aux épaules ou au dos.

À NOTER : les écharpes de portage ne m'ont jamais tentée. Ça peut paraître bête, j'ai toujours eu peur de mal les fixer et de faire tomber bébé. Mais à ma connaissance, ce genre d'accident n'est jamais arrivé. Quant à mes copines, certaines ont adoré, d'autres en sont revenues. Si ça vous tente, vous trouverez des infos sur www.transmettreensembleportage.fr

Un sac à langer : bien pratique

Avec un tout-petit, même quand on allaite, difficile de sortir sans un minimum d'équipement. Avant d'avoir des enfants, je pensais qu'il suffirait de glisser tout ça dans un sac classique. Mais non. Quand vous êtes seule pour changer bébé sur une banquette de TGV ou dans un restaurant pas équipé pour ça, un sac à langer bien pensé, ça n'a rien d'un luxe.

Portrait-robot du candidat idéal : il a plusieurs compartiments et une ouverture assez large, pour repérer et attraper d'une seule main ce dont vous avez besoin pendant que votre autre main est posée sur le ventre de bébé. Un matelas à langer amovible, c'est un vrai plus. Quand j'ai dû changer le petit koala à même la moquette de l'avion faute de tablette dans les toilettes sur un vol low cost, j'étais bien contente d'avoir un mini-tapis à lui glisser sous les fesses !

Notre choix : le sac à langer bandoulière à rabat Casual de Lässig. Avec ses mousquetons pour l'accrocher facilement à la poignée de la poussette et son compartiment isotherme pour ranger le laitage du goûter, il est parfait.

Un lit parapluie : ça se discute

Les premières semaines, nous pensions l'utiliser comme lit d'appoint dans notre chambre : il faisait bien trop chaud dans celle du petit koala. Mais monsieur ne s'endormait que bercé dans sa poussette. Comme il y était en sécurité (parfaitement à plat sur le dos, bien attaché, sans rien autour susceptible de gêner sa respiration), il y a finalement dormi presque toutes les nuits, au pied de notre lit. Quand il a eu deux mois, j'ai arrêté de l'allaiter, il a commencé à faire ses nuits, les températures de septembre sont devenues plus respirables. Il a alors véritablement emménagé dans sa chambre. Et le lit pliant est resté à la cave jusqu'à ce qu'on le vende. Il ne nous était d'aucune utilité : les grands-parents ont des lits à barreaux et quand le koala était tout petit, on invitait les amis à la maison. Mais on a pas mal de copains qui s'en servent régulièrement.

✋ **Portrait-robot du candidat idéal** : un poids plume, un faible encombrement une fois plié, une grande maniabilité dans les phases de pliage/dépliage et surtout une sécurité optimale. Préférez les modèles avec un cinquième pied au milieu et assurez-vous que le système de blocage, une fois le lit déplié, fonctionne parfaitement bien. Surtout, même si le matelas vendu avec le lit vous paraît fin, n'en rajoutez pas un par-dessus. Le couchage de bébé ne serait alors plus sécurisé.

☺ **Notre choix** : le lit pliant Sena Mini de Nuna. Même si on s'en est très peu servi, on en était ravis. « Ouverture-fermeture, c'était incroyable comme c'était bien pensé, tu te rappelles, comme une tente », me souffle, tout nostalgique le (beau)-papa qui n'a jamais fait de camping de sa vie.

La patte de Brooklyn the Cat

L'acquisition d'un transat me paraît primordiale. Du moins quand on autorise le chat de la maison à le squatter. Celui de mon petit maître (le Leaf de Nuna) était vraiment super car il me berçait sans faire de bruit* quand je changeais de position. J'en parle à l'imparfait car on l'a prêté à des amis qui viennent d'avoir un bébé. Le petit maître en a surtout profité les toutes premières semaines. Dans la journée, il aimait bien dormir à côté de la grande blonde quand elle était sur l'ordinateur. Mais quand il s'est mis à manger sur une chaise haute et à jouer sur son tapis d'éveil, il n'a plus voulu de ce cher transat. Il a été rangé et moi, j'ai dû me rabattre sur la poussette.

OUI À LA LISTE DE NAISSANCE

Les doudous moyennement jolis et les vêtements pas pratiques/déjà trop petits, désolée, mais vous n'allez pas y échapper. Vous pouvez toutefois limiter les dégâts en proposant à vos proches de jeter un œil sur votre liste de naissance. Vous avez deux possibilités. La déposer auprès d'une enseigne de puériculture (Vertbaudet, Aubert, Bébé 9, Orchestra...). Ou en créer une sur un site dédié, type *www.mesenvies.fr*. Je vous parle de celui-ci car je le connais bien et je l'aime beaucoup mais il en existe d'autres. Ces sites sont gratuits et faciles à utiliser. Ici, on a laissé la liste de naissance

---

* Le bercement pendulaire se déclenche d'une simple poussée. Ne m'en demandez pas plus, je n'ai pas tout à fait compris comment ça fonctionnait. Savoir qu'il n'y a pas besoin de piles ni d'électricité et que ça ne fait pas de bruit me suffit. Les enfants sont censés en profiter de la naissance à 5 ans, ce qui justifie son coût élevé. Le petit koala ne l'a pas vraiment rentabilisé, mais ça reste un très bon produit.

du petit koala ouverte et on y note au fur et à mesure des idées de cadeaux, pour Noël et ses anniversaires. Mes parents n'adhèrent pas trop au principe et préfèrent lui faire des surprises. À l'inverse, ma belle-famille est ravie de pouvoir piocher dedans.

ET DANS SA TROUSSE À PHARMACIE ?

Nourrissons, femmes enceintes, même combat : l'automédication doit se résumer au strict minimum. Les premières semaines, la fièvre, le rhume, les petits boutons, la diarrhée ou les vomissements nécessitent un avis médical. Ceci étant posé, voilà ce qu'il faudrait toujours avoir sous la main avec un bébé sous son toit :

- un thermomètre électronique ;
- du paracétamol, pour faire baisser une fièvre mal tolérée ;
- des solutés de réhydratation, pour compenser les pertes d'eau et de sels minéraux en cas de diarrhée ;
- du Smecta®, pour réduire le volume des selles et la durée de la diarrhée ;
- un antiseptique cutané non coloré. Avant 1 mois, seuls sont autorisés le Diaseptyl® ou la chlorhexidine aqueuse à 0,5 %, le Dakin® et la Biseptine® ;
- des dosettes de sérum physiologique, pour laver le nez et les yeux ;
- une pommade réparatrice et protectrice à base de cuivre et de zinc (Cicalfate® d'Avène, Bariéderm Cica-crème d'Uriage) ;
- des compresses stériles.

8

Et contre les hémorroïdes et autres réjouissances, je fais quoi ?

La grossesse n'est pas une maladie, mais elle peut réveiller ou accentuer une foule de petits maux dont on se passerait bien. Rien de méchant la plupart du temps, rassurez-vous. Certaines passent même totalement à travers. Pour ma princesse, je n'ai eu que des nausées au premier trimestre puis une petite sciatique soulagée en une séance d'acupuncture. Pour son premier frère, pas l'ombre d'un bobo. La nature est bien faite : avec deux déménagements à travers la France, à 3 mois puis 8 mois de grossesse, il n'aurait plus manqué que ça ! Pour le petit dernier, en revanche, j'ai été gâtée. J'ai cumulé les démangeaisons sur le ventre, les malaises post-petit déjeuner, les remontées acides après quasi chaque repas, des hémorroïdes heureusement pas trop envahissantes et même la seule et unique poussée d'herpès de ma vie !

Allez, cas par cas, on regarde pourquoi tous ces symptômes surviennent plus souvent pendant la grossesse. Et surtout, comment les soulager vite fait bien fait, sans danger pour bébé.

Vos allergies ORL peuvent s'aggraver

Comment ça s'explique ? Les spécialistes soupçonnent les bouleversements hormonaux d'augmenter la sensibilité aux allergènes. Mais pas d'affolement. Pour certaines, la grossesse est au contraire une période bénie qui met leurs symptômes en sourdine.

☺ **Ce que vous pouvez faire.** Même avec un terrain allergique connu, consultez si vous êtes gênée par un énorme rhume des foins. Bonne nouvelle, le médecin peut vous prescrire un traitement sans danger pour votre fœtus : vous avez droit à certains antihistaminiques (Zyrtec®, Virlix®, Clarityne®, Aerius®), à la Ventoline et aux traitements de fond à base de corticoïdes micro-dosés inhalés. Pour soulager vos yeux qui piquent, lavez-les avec du sérum physiologique. Et pour enlever un maximum d'allergènes de votre nez, faites des pulvérisations d'eau de mer enrichie en manganèse.

Votre solution homéo. Pollens 5 CH, 5 granules, 4 fois par jour, à distance des repas, jusqu'à amélioration.

⚠ **Précautions supplémentaires.** Pas d'inquiétude : même s'ils sont costauds, les symptômes de votre allergie n'ont pas d'impact sur le bon développement de votre bébé. En revanche, ils témoignent d'un terrain atopique dont il est susceptible d'hériter. Mais vous pouvez limiter ce risque. Enceinte du petit koala, j'avais interviewé à ce sujet le Dr Nhân Pham-Thi, chef de service de l'unité d'allergologie à l'Institut Pasteur (Paris). Il m'avait conseillé pendant le dernier trimestre :

- de me faire prescrire une supplémentation en vitamine D par mon médecin ;
- de faire une cure de probiotiques (j'avais opté pour Ergyphilus Plus) ;
- de faire une cure d'oméga-3 (il y en a beaucoup, laissez-vous guider par votre pharmacien) ;
- d'arrêter la cigarette si j'avais été fumeuse.

Souffrant depuis l'adolescence de très grosses rhinites allergiques avec un terrain asthmatique, j'ai suivi ses recommandations à la lettre. Et pour l'instant, le petit koala ne semble avoir aucun problème. Mais je l'ai allaité pendant deux mois, et d'après de nombreuses études, cela protège aussi des allergies.

Votre nez et/ou vos gencives peuvent saigner

Comment ça s'explique ? Les vaisseaux sanguins sont particulièrement dilatés sous l'effet des hormones de grossesse. Cela favorise les jambes lourdes, les varices, les hémorroïdes mais aussi, plus étonnant, des saignements au niveau des gencives et du nez. Ma copine Sandra n'en avait jamais entendu parler (moi non plus d'ailleurs). Quand c'est arrivé la première fois, elle a un peu flippé.

☺ **Ce que vous pouvez faire en ce qui concerne votre nez.** Surtout, ne mettez pas la tête en arrière. Le sang pourrait s'écouler dans vos voies digestives et provoquer... des nausées et des vomissements. Inutile d'en rajouter de ce côté. Asseyez-vous et penchez légèrement la tête en avant. Respirez par la bouche et pincez les ailes de votre nez entre le pouce et l'index, juste en dessous de la bosse que forme la partie dure du cartilage. Au bout d'une dizaine de minutes, relâchez doucement la pression. Si ça continue de saigner, posez une mèche. Surtout pas avec du coton, mais avec un tampon hémostatique (vous en trouverez en pharmacie). Retirez-le au bout de 15-30 minutes, délicatement. Si après tout ça, ça saigne toujours, direction le médecin. Il faut parfois faire cautériser les vaisseaux sanguins récalcitrants par un ORL. Pratiquée sous anesthésie locale, cette petite intervention est tout à fait réalisable pendant la grossesse.

☺ **Ce que vous pouvez faire pour vos gencives.** Au quotidien, continuez à bien vous brosser les dents, avec une brosse à dents souple, un dentifrice pour gencives sensibles et des gestes doux. Et si ce n'est pas encore fait, profitez de l'examen bucco-dentaire pris en charge à 100 % par l'Assurance maladie pour faire examiner vos gencives : peut-être souffrez-vous d'une véritable gingivite et avez-vous besoin d'un détartrage.

L' acné peut se rappeler à votre bon souvenir

Comment ça s'explique ? Que vous attendiez une fille ou un garçon, votre placenta produit des hormones masculines (progestérone). Si vous êtes un peu plus sensible que la moyenne à ses effets androgéniques, vous risquez d'être embêtée par une peau plus grasse et des éruptions cutanées.

Ce que vous pouvez faire. Tournez-vous vers des produits de pharmacie et parapharmacie destinés aux peaux acnéiques. Seul interdit : la gamme TriAcnéal d'Avène, à cause de la présence de rétinol. Pour éliminer les gros boutons, une astuce de grand-mère sans danger qui a fait ses preuves : les assécher avec une noisette de dentifrice ou d'argile verte. Au deuxième et troisième trimestre, vous avez aussi droit aux compléments alimentaires à base de zinc. Plusieurs études ont démontré leur efficacité. En cas d'acné vraiment envahissante, faites les yeux doux à votre dermato pour avoir un rendez-vous rapido. Vous avez droit aux antibiotiques locaux, ce serait dommage de vous en priver.

Précaution supplémentaire. Retenez-vous de percer vos comédons : qui dit peau triturée dit inflammation locale et donc potentielle tache sous l'effet des hormones de grossesse et des rayons du soleil. Si vous avez fait une bêtise, ne sortez pas sans l'avoir camouflée sous un stick solaire SPF 50 +.

L'eczéma peut redoubler d'intensité

Comment ça s'explique ? Bouleversements hormonaux soupçonnés d'augmenter la sensibilité aux allergènes + épiderme plus sec qu'à l'accoutumée = terrain rêvé pour l'eczéma, notamment au niveau du ventre. Attention, des démangeaisons sur tout le corps sans éruption nécessitent un avis médical : il peut s'agir de cholestase gravidique et dans ce cas, il faut mettre en place un traitement spécifique.

Ce que vous pouvez faire. Hydratez vos lésions au moins une fois par jour avec un baume pour peaux atopiques. Si vous aimez les produits cosmétiques naturels, foncez sur l'huile d'onagre ou de bourrache bio. Sous la douche, lavez-vous avec un savon surgras. Si les démangeaisons sont insupportables, vous avez le droit à de petites doses de corticoïdes locaux (sur ordonnance) et à un antihistaminique (Zyrtec®, Virlix®, Clarityne®, Aerius®, sans ordonnance). Les crèmes cicatrisantes au cuivre et au zinc (Cicalfate d'Avène, Cicaplast Baume B5 de La Roche-Posay) fonctionnent bien aussi.

⚠ **Précautions supplémentaires.** Si vous êtes une habituée des crises d'eczéma, cela signifie que vous avez un terrain atopique. Pour éviter de le léguer à votre bébé, demandez à votre médecin de vous prescrire une supplémentation de vitamine D et faites une cure de probiotiques et d'oméga-3 pendant le troisième trimestre. L'allaitement a aussi montré ses bénéfices dans la prévention des allergies.

Votre canal carpien peut vous jouer des tours

Comment ça s'explique ? Si vous pouvez bouger vos pouces et ressentir des choses aux bouts de vos pouces mais aussi de vos index et de vos majeurs, c'est grâce à vos nerfs médians. Ces gros nerfs partent de vos poignets et traversent vos mains, abrités dans ce qui pourrait faire penser à un tunnel : le canal carpien. Problème : pendant la grossesse, les taux plus élevés de progestérone et de béta-HCG favorisent les œdèmes un peu partout dans le corps, y compris au niveau de ce canal carpien. Résultat, le nerf médian qui y passe se retrouve comprimé, d'où un engourdissement, des fourmillements et/ou des douleurs dans le poignet, la paume de la main et les trois premiers doigts. Les deux mains peuvent être touchées, mais pas forcément en même temps.

Ce que vous pouvez faire. Rassurez-vous, tout rentrera dans l'ordre après l'accouchement. En attendant, reposez votre main au maximum. Si vous passez beaucoup de temps devant un ordinateur, investissez dans un repose-poignet ergonomique. Vérifiez aussi la hauteur de votre chaise : quand vous utilisez votre souris, votre poignet doit rester bien aligné. L'application de glaçons enroulés dans un torchon peut vous faire du bien. Quand la douleur est trop forte, n'hésitez pas à prendre du paracétamol. Et si la gêne est trop importante la nuit, demandez à votre médecin de vous prescrire une attelle : elle maintiendra votre main dans la bonne position et soulagera la pression exercée sur le nerf.

Des hémorroïdes peuvent vous embêter

Comment ça s'explique ? Les hémorroïdes en tant que telles ne posent pas de problème. Mais durant la grossesse, ces vaisseaux sanguins qui tapissent l'intérieur du rectum ont tendance à gonfler et peuvent alors « ressortir », provoquer de vives douleurs, voire saigner légèrement.

Ce que vous pouvez faire. J'ai lu que l'acupuncture donnait de très bons résultats mais je n'ai jamais essayé. Certaines sont tellement gênées qu'elles doivent faire des bains de siège dans de l'eau fraîche additionnée de Dakin® (1 cuillère à soupe pour 5 litres d'eau) après être allées à la selle. De mon côté, la prise d'un veinotonique (Daflon®) pendant une quinzaine de jours et l'application d'une crème locale prescrite par la gynécologue avaient suffi à faire passer la crise.

⚠ **Précaution supplémentaire.** Pour prévenir les récidives, il est essentiel de lutter contre la constipation.

Votre solution homéo. Aesculus hippocastanum 5 CH et Hamamelis 5 CH, 2 granules de chaque, 3 fois par jour, à distance des repas, jusqu'à amélioration.

Des vergetures peuvent apparaître

Comment ça s'explique ? Moins élastiques car appauvries en collagène sous l'effet des hormones, soumises à de fortes tensions sous l'effet de la prise de poids, les fibres qui soutiennent la peau peuvent littéralement se déchirer aux endroits les plus « critiques ». Ventre et seins se recouvrent alors de stries roses-violettes qui deviendront blanches avec le temps mais ne s'effaceront jamais vraiment. Impossible de prévoir la survenue des vergetures, même si l'on a identifié des facteurs de risques : les grossesses avant 25 ans, les grossesses gémellaires, une prise de poids supérieure à 15 kilos, un bébé de plus de 4 kilos, un surpoids avant la grossesse…

☺ **Ce que vous pouvez faire.** Les vergetures sont plus faciles à prévenir qu'à guérir. Mieux vaut donc, dès le début du deuxième trimestre, masser tous les jours votre ventre et vos seins avec une crème spécifique. Il existe beaucoup de marques sur le marché, dont deux qui ont fait leurs preuves scientifiquement : Phytolastil gel prévention des vergetures de Liérac et Cytolnat® Centella.

L'herpès peut se (re)pointer

Comment ça s'explique ? Le système immunitaire est un peu affaibli durant la grossesse. Alors si vous êtes porteuse du HV1 (herpès labial, plus connu sous le nom de « bouton de fièvre ») ou du HV2 (herpès génital), c'est une période propice aux poussées.

Ce que vous pouvez faire. Bonne nouvelle : vous avez droit aux traitements antiviraux oraux et locaux pour diminuer la durée et l'intensité de vos symptômes. Votre médecin va vous prescrire de quoi vous soulager et il vous fera une ordonnance à garder précieusement au cas où ça se reproduirait. En attendant que le traitement fasse effet, une dermatologue m'a confié une astuce : faire pipi assise ou accroupie dans une baignoire remplie d'un fond d'eau – cela protège de la sensation de brûlures liées au contact de l'urine sur les lésions d'herpès génital.

Votre solution homéo. Vaccinotoxinum 9 CH, 1 dose par jour, pendant 3 jours, et Rhus toxicodendron 5 CH, 2 granules, 3 fois par jour, à distance des repas, jusqu'à amélioration.

Attention. Si vous avez de l'herpès génital pendant l'accouchement, cela peut avoir des conséquences redoutables sur la santé de bébé. Il est donc indispensable d'informer votre médecin dès que vous repérez des lésions suspectes. Si c'est à l'approche du terme, il pourra prendre les précautions nécessaires pour éviter le contact entre votre bébé et vos lésions lors de l'accouchement. C'est rare, mais cette situation peut parfois justifier une césarienne.

Les remontées acides peuvent vous gêner

Comment ça s'explique ? Ces brûlures très désagréables ressenties derrière le sternum sont provoquées par la remontée du contenu naturellement acide de votre estomac dans votre œsophage. La faute à qui ? Comme toujours, à vos hormones et au volume de votre utérus, qui comprime ses malheureux voisins.

Ce que vous pouvez faire. Avant toute chose, ne vous couchez pas juste après avoir mangé. L'idéal serait de laisser passer deux heures. En temps normal, je conseille aussi à mes lectrices de dormir sur le dos, avec plusieurs oreillers, pour que leur buste soit relevé d'au moins 30°. Mais avec un gros ventre, ce n'est pas évident… Une chose est sûre, mieux vaut éviter les boissons gazeuses et tout ce qui ralentit la digestion (plats épicés, trop gras). La cigarette aggrave les choses, une raison de plus pour arrêter. Quand c'est trop gênant, n'hésitez pas à calmer le jeu avec du Gaviscon® ou du Maalox®. Ces spécialités disponibles sans ordonnance sont sans danger pour bébé et soulagent rapidement. Évidemment, si ça ne suffit pas, parlez-en à votre médecin.

Votre solution homéo. Robinia 5 CH, 2 granules 3 fois par jour, à distance des repas, jusqu'à amélioration.

La patte de Brooklyn the Cat

Au début, quand la grande blonde avalait ses sachets avec écrit dessus « GAVISCON », elle faisait des grimaces pas possibles. Je ne sais pas pourquoi elle ingurgitait ça, si c'était si mauvais. Mais elle a dû s'habituer au goût, après ça ne lui faisait plus rien.

La sciatique peut vous clouer sur place

Comment ça s'explique ? Votre cambrure peut provoquer un pincement discal, pincement qui peut à son tour irriter le nerf sciatique qui passe à proximité. Avec à la clé cette douleur pas possible qui part de la fesse et descend parfois jusqu'aux orteils.

☹ **Ce que vous ne devez pas faire.** Je crois beaucoup aux vertus de l'ostéopathie mais en cas de sciatique, mieux vaut éviter toute manipulation sans avoir consulté un médecin.

☺ **Ce que vous pouvez faire.** Consultez un médecin pour confirmer le diagnostic de sciatique. Si besoin, il pourra vous prescrire des antidouleurs compatibles avec la grossesse. Il pourra aussi vous orienter vers un kiné qui vous montrera quelles postures adopter pour vous soulager. Pour ma princesse, une séance d'acupuncture avait suffi, mais c'était une petite sciatique.

Votre solution homéo. Arnica 9 CH, 2 granules 3 fois par jour, à distance des repas, jusqu'à amélioration.

Les malaises peuvent frapper

Comment ça s'explique ? Soit c'est de l'hypoglycémie, dans ce cas le malaise survient plutôt à distance des repas et s'accompagne de sueurs. Soit c'est une brusque chute de tension, et dans ce cas le malaise survient plutôt après un changement rapide de position.

Ce que vous pouvez faire. Quand vous sentez que ça tourne, la seule chose à faire est de vous allonger, les jambes surélevées, et d'attendre que ça passe. Pour éviter les hypoglycémies, limitez les sucres rapides type jus d'orange et confiture au petit déjeuner. Pour éviter les baisses de tension, prenez votre temps quand vous passez de la position allongée ou assise à la position debout. J'aimerais pouvoir vous en dire plus. Pour être passée par là, je sais à quel point on peut se sentir démunies face à ces malaises qui surviennent sans prévenir.

⚠ **Attention.** Si ça vous arrive fréquemment, mieux vaut en parler avec votre médecin. Et on est d'accord, si votre malaise s'accompagne de douleurs abdominales, de saignements, vous consultez sans attendre.

Vos jambes peuvent (vous) gonfler

Comment ça s'explique ? Les hormones de grossesse et le poids de l'utérus ralentissent les échanges veineux et lymphatiques. Résultat : les tissus se gorgent d'eau, les veines se dilatent. Ou, pour être plus directe, les jambes ressemblent à des poteaux et pèsent soudain deux tonnes. Dans mon cas, et malheureusement c'est assez fréquent, elles sont même allées jusqu'à se parer de jolies varices. Attention, un œdème important, apparu brutalement,

accompagné de forts maux de tête, nécessite un avis médical en urgence : cela peut-être un symptôme de pré-éclampsie, qu'il faut alors traiter.

☹ **Ce que vous ne devez pas faire.** Surtout, ne réduisez pas votre consommation d'eau. Continuez au contraire à boire au moins 1,5 litre par jour pour favoriser le drainage et l'élimination. Ne limitez pas non plus vos apports en sel. Contrairement à ce qui a longtemps été recommandé, hormis dans des cas bien précis, cela n'a aucun intérêt. Le sel contient des oligo-éléments importants pour votre forme et il régule l'équilibre en eau dans votre organisme et celui de bébé. Pour en consommer la bonne dose, il suffit de saler normalement à la cuisson, de ne pas laisser la salière sur la table et d'éviter les aliments très salés (olives, charcuterie, anchois, plats industriels...).

☺ **Ce que vous pouvez faire.** Pour alléger un peu tout ça, marchez tous les jours, faites du vélo d'appartement, nagez. Dès que vous en avez l'occasion, surélevez vos pieds. Si vous avez l'impression que ça soulage vos symptômes, vous pouvez prendre des veinotoniques (Daflon®, Diovenor®, Cyclo3®, Veinamitol®). Se masser ou se faire masser les jambes en remontant des chevilles jusqu'aux cuisses, ça fait aussi un bien fou. La balle de tennis que l'on fait rouler sous la voûte plantaire, c'est pas mal non plus.

Mais le plus efficace reste la contention, avec des bas ou des collants. Il existe des modèles spécialement pensés pour les gros ventres. Prescrits par votre médecin, les bas ou collants de contention sont remboursés par l'Assurance maladie. Pour en avoir beaucoup porté, je vous promets qu'on s'y habitue et que le soir venu, on se félicite d'avoir fait l'effort de les enfiler quelques heures plus tôt. La couleur chair fait toujours vieillotte, mais en noir, ils sont tout à fait portables. Évidemment, les choses se compliquent un peu l'été. Je ne les portais alors qu'à la maison, sous un paréo.

Votre solution homéo. Hamamelis 5 CH et Vipera redii 5 CH, 2 granules de chaque, 3 fois par jour, à distance des repas, jusqu'à amélioration.

À NOTER. Les troubles veineux de la grossesse peuvent aussi se solder par des varices vulvaires ! Ne soyez donc pas surprise si l'une de vos grandes lèvres, voire les deux, se met à gonfler. Ce n'est pas grave, mais ça peut s'avérer douloureux quand on marche et/ou lors des rapports sexuels. Il ne faut donc pas hésiter à en parler à votre médecin qui pourra vous soulager. En attendant qu'il vous prescrive un traitement local adapté, prenez des veinotoniques (Daflon®, Diovenor®, Cyclo3®, Veinamitol®). Rassurez-vous, les varices vulvaires disparaissent spontanément après l'accouchement.

Vous pouvez avoir des petites fuites

Comment ça s'explique ? Votre périnée, moins tonique qu'à l'accoutumée sous l'effet des hormones et du poids de votre ventre, soutient moins bien le col de votre vessie. Cette dernière étant déjà bien comprimée par votre utérus, peut avoir du mal à retenir quelques gouttes d'urine n'a rien d'étonnant.

Ce que vous ne devez pas faire. Ne diminuez pas votre consommation d'eau : trop concentrée, l'urine finit par irriter la vessie et les germes s'y développent plus facilement.

Ce que vous pouvez faire. Surtout ne paniquez pas, cela peut arriver même aux meilleures d'entre nous. Pour garder votre culotte au sec, utilisez des protections spécifiques. Commandez-les en ligne si vous voulez éviter de passer à la caisse du supermarché

avec votre petit paquet. Je n'ai pas de marque à vous conseiller, je n'ai jamais eu l'occasion de tester. Pour limiter les problèmes, pensez à contracter votre périnée quand vous vous baissez, quand vous éternuez, quand vous riez... Quand bébé sera là, vous ferez le point avec votre médecin. Une bonne rééducation du périnée suffit le plus souvent à tout faire rentrer dans l'ordre.

Les mycoses vaginales peuvent vous démanger

Comment ça s'explique ? Les hormones de grossesse chamboulent la flore vaginale qui a alors un peu plus de mal à limiter la prolifération des *Candida albicans*, les champignons à l'origine de ces chères pertes blanches et de ces non moins charmantes démangeaisons.

Ce que vous pouvez faire. Filez chez le pharmacien, il va vous trouver des ovules et une crème grossesse-compatibles. Ne vous inquiétez pas si les démangeaisons redoublent d'intensité les premières heures, ça signifie tout simplement que les ovules sont en train de faire effet. Mais si vos symptômes sont inchangés au bout de 48 heures à 72 heures, il faudra aller voir un médecin. Pendant la durée du traitement, pensez à remplacer votre savon habituel par un produit de toilette intime spécifique : son pH alcalin (pH8) contribuera à soulager l'irritation.

Précautions supplémentaires. Pour limiter les risques de mycoses, essayez de repérer tout ce qui dans vos habitudes vestimentaires ou hygiéniques serait susceptible de les favoriser. Pour certaines, le simple fait de porter un jean moulant ou de garder un maillot de bain mouillé peut suffire. Attention également aux sprays désodorisants, aux papiers hygiéniques parfumés et colorés, aux douches vaginales ou encore aux savons acides type savon de Marseille. En matière d'hygiène intime, inutile d'en faire trop : contentez-vous de changer vos sous-vêtements, de préférence en coton, tous les jours, et de les passer en machine à 60° C en faisant l'impasse sur l'adoucissant. Lavez-vous une à deux fois par jour avec un produit spécifique au pH physiologique (pH 5,5), de préférence avec la main. Si vous ne pouvez pas vous passer du gant, changez-en à chaque fois, c'est un véritable nid à germes.

Ça peut brûler quand vous faites pipi

Comment ça s'explique ? Si les femmes enceintes sont sujettes aux cystites, c'est parce que toutes les conditions sont réunies pour permettre aux germes de se multiplier dans leur vessie : leurs défenses immunitaires sont moins performantes, leur urètre plus dilaté laisse plus aisément remonter les microbes et leur vessie, moins tonique, ne se vide plus complètement, favorisant ainsi une stagnation d'urine où prolifèrent les indésirables.

☹ **Ce que vous ne devez pas faire.** N'essayez pas de vous soigner seule à grand renfort d'anciens traitements, d'antidouleurs, de plantes, de litres d'eau… Déjà en temps normal c'est une mauvaise idée. Mais dans votre cas, une infection urinaire mal traitée peut avoir de graves conséquences.

☺ **Ce que vous devez faire.** Filez chez le médecin, il vous prescrira un traitement antibiotique adapté. Et buvez, buvez, buvez.

Précautions supplémentaires. Pour éviter d'en repasser par là :
- buvez au moins 1,5 litre d'eau par jour ;
- ne vous retenez pas d'uriner ;
- essuyez-vous toujours d'avant en arrière quand vous allez aux toilettes ;
- allez faire pipi après un rapport sexuel.

Votre transit peut ralentir

Comment ça s'explique ? Fréquente pendant la grossesse, la constipation a une explication hormonale mais aussi purement mécanique : au troisième trimestre, même les plus dynamiques ont tendance à lever le pied et à moins bouger.

Ce que vous pouvez faire. Marchez 30 minutes par jour, c'est le minimum syndical pour réveiller un transit un peu paresseux. Augmentez aussi votre consommation de légumes et privilégiez les céréales complètes. Pour que leurs fibres tiennent leurs promesses, buvez au moins 1,5 litre d'eau par jour. Une étude* a montré que l'Hépar® faisait des merveilles sur la constipation. Ma gynéco en était elle aussi convaincue mais je n'ai jamais réussi à me faire à son goût. J'admets ne pas avoir fait trop d'efforts. Bien fraîche, avec un peu de citron, ça passe. Mais on a toutes nos petits blocages… Si ces mesures ne suffisent toujours pas, il vous reste l'option laxatifs non-irritants (Normacol®, Spagulax®, Psylia®).

Précaution supplémentaire. À force de trop pousser, on favorise les crises d'hémorroïdes et on malmène un peu plus

* Une étude menée en 2013 sur 244 femmes âgées de 18 à 60 ans souffrant de constipation fonctionnelle a montré qu'à partir d'un litre par jour, la consommation d'Hépar® était un traitement efficace dès la deuxième semaine.

son périnée. La bonne idée, qui m'avait été soufflée par ma kiné pendant la rééducation périnéale ? Achetez un petit marchepied et glissez-le sous vos pieds quand vous êtes aux toilettes : cette position, beaucoup plus physiologique, facilite grandement les choses. Enceinte ou pas enceinte, d'ailleurs.

PAS DE PANIQUE

Votre ventre est coupé en deux par une ligne foncée partant de votre nombril jusqu'à votre pubis ? Vos mamelons sont en train de brunir ? Rassurez-vous, cette hyperpigmentation hormonale s'effacera progressivement après l'accouchement, surtout si vous avez pris soin de protéger votre peau des UV.

TROISIÈME TRIMESTRE

1

Petit point agenda côté bébé

Le septième mois

Si votre bébé naissait maintenant, il ne serait plus considéré comme un grand prématuré mais il aurait encore besoin de beaucoup de soins. Mieux vaut donc qu'il reste encore bien au chaud, bercé par vos mouvements et votre voix.

Sa peau est de plus en plus lisse. Des cils habillent maintenant ses paupières qui s'ouvrent de temps de temps. Son appareil digestif est prêt et ses mouvements respiratoires sont de plus en plus réguliers. C'est un petit bonhomme ? Ses testicules sont normalement descendues dans le scrotum (votre pédiatre s'en assurera, il y a parfois des

Des cils habillent maintenant ses paupières qui s'ouvrent de temps de temps.

retardataires). C'est une petite fille ? Ses ovaires ont achevé leur développement, mais ils resteront au repos jusqu'à la puberté.

Si sa croissance commence tout doucement à ralentir, votre bébé prend de plus en plus de poids. L'espace dont il dispose commence d'ailleurs à se restreindre. Moins de galipettes donc, même s'il ne reste jamais longtemps sans bouger. Ces petits soubresauts qui agitent votre ventre à intervalles réguliers ? Ce sont des crises de hoquet. Et n'ayez aucune inquiétude, elles sont tout aussi banales dans l'utérus qu'à l'air libre.

Ses mensurations ? Sa taille avoisine les 40 centimètres et son poids 1,800 kilogramme.

LE SAVIEZ-VOUS ?

Si c'est votre première grossesse, votre bébé a probablement déjà adopté la position qu'il aura à la naissance. Et plus de 9 fois sur 10, c'est tête la première, le corps bien recroquevillé sur lui-même. L'espace dont il dispose étant plus restreint dans la partie inférieure de l'utérus, cette position dite céphalique lui permet d'avoir plus de place pour le reste de son corps. Mais ceux qui ont déjà des grands frères ou des grandes sœurs se retournent parfois bien plus tard : l'utérus étant plus souple et plus vaste, il y a moins d'urgence à se caler tête en bas. Pour plus de détails, reportez-vous p. 197, au chapitre « Un bébé tête en l'air ».

Le huitième mois

Encore un peu de patience, vous allez bientôt faire connaissance. En attendant, votre bébé profite de ces dernières semaines pour se faire beau. Son visage s'arrondit, ses ongles ont totalement poussé, son duvet s'estompe peu à peu et sa peau vire au rose. Bon, il est encore recouvert de *vernix caseosa* mais ça ne se verra pas à l'échographie. En revanche, comme pour mon petit koala, l'échographiste s'amusera peut-être de voir de fins filaments (ses premiers cheveux) recouvrir sa tête. Et avec un peu de chance, vous aurez même droit à un bâillement ou à un froncement de sourcil.

Côté fonctions vitales, tout est au point, même s'il faudra encore quelques semaines à ses poumons pour fonctionner à plein régime. Ses reins sont parfaitement opérationnels. Dans ses intestins, le méconium s'accumule. Il sera éliminé avec ses premières selles. Ses os continuent de se solidifier, exception faite de ceux de son crâne : ils doivent être suffisamment malléables pour franchir votre bassin au moment de l'accouchement.

Il faudra encore quelques semaines à ses poumons pour fonctionner à plein régime.

C'en est bel et bien fini des saltos. En revanche, la peau de votre ventre est si tendue que vous allez régulièrement distinguer la forme d'une main ou d'un pied qui passe par là. Dit ainsi, je sais, ça fait un peu penser à *Alien*. Mais cette fois, promis, la scène va vous procurer des frissons de bonheur.

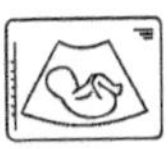

Ses mensurations ? On estime que le fœtus mesure alors 47 centimètres et pèse 2,7 kilogrammes. Mais encore une fois, il ne s'agit toujours que de moyennes.

Le neuvième mois

Votre valise est prête ? Votre petit bout peut maintenant arriver d'un jour à l'autre. D'ici là, il va continuer de grossir de 20 à 30 g par jour. Tout ce qui protégeait sa peau *in utero* (*vernix caseosa*, lanugo) a quasiment disparu. Peut-être aura-t-il encore quelques traces de ce duvet au niveau des oreilles. Mais d'après mes parents, ça n'a jamais rien ôté à la beauté d'un nouveau-né.

Que de chemin parcouru depuis l'époque des premières divisions cellulaires !

La taille de son cerveau représente environ un dixième de son poids total. Mais il faut dire qu'il est bien rempli. Que de chemin parcouru depuis l'époque des premières divisions cellulaires ! Même si son système nerveux nécessite encore quelques améliorations, votre bébé est déjà capable de grandes choses. Après tous ces mois passés comme en apesanteur, il a acquis la notion d'équilibre. Quand vous vous tiendrez à moins de 20 cm de lui, il pourra distinguer les traits de votre visage. Il saura aussi reconnaître votre voix et votre odeur. Vous en doutez ? Attendez de voir comment il va se nicher contre vous en entendant vos doux mots d'amour. Vous n'en reviendrez pas de constater à quel point cela suffira à l'apaiser après tout le chambardement de l'accouchement.

Ses mensurations ? À la naissance, elles avoisineront les 50 centimètres et les 3 kilogrammes.

La patte de Brooklyn the Cat

Une fois, je me souviens, je faisais mon petit parcours habituel dans le salon, à la nuit tombée. Ça consiste à courir et sauter partout, sans but précis. Et tout ça parce que je suis passée sur le gros ventre de la grande blonde, je me suis fait crier dessus... Je n'ai pas voulu lui faire de mal, moi, au bébé ! Mais je crois qu'elle a eu super peur, même si elle sait que le liquide amniotique amortit les chocs.

2

Petit point agenda côté maman

Le septième mois

Cinquième consultation prénatale obligatoire, avec le gynécologue ou la sage-femme. Rien de nouveau sous le soleil, même programme que le mois dernier.

Entre 32 et 34 SA. Troisième échographie pour voir comment bébé grandit et si sa tête est en bas (voir p. 197, le chapitre « Un bébé tête en l'air »). Si ce n'est pas le cas, vous pouvez dès maintenant tenter l'acupuncture : stimuler un point bien précis situé sur le pied suffit parfois à le faire se retourner.

Le huitième mois

Sixième consultation prénatale obligatoire, avec le gynécologue ou la sage-femme. Pas beaucoup de changements par rapport aux visites précédentes. S'ajoute simplement un prélèvement vaginal pour s'assurer que vous n'êtes pas porteuse du streptocoque B (ça peut être embêtant pour bébé au moment de l'accouchement, mais quand on le sait avant, ça se traite très bien). Le praticien peut aussi, s'il le juge nécessaire, vous prescrire une supplémentation en vitamine D et en fer.

Entre 36 et 37 SA. Rendez-vous obligatoire avec l'anesthésiste, que vous ayez ou non prévu de faire une péridurale. Votre dossier (antécédents, allergies…) doit être le plus complet possible pour parer à toute éventualité. La consultation est complétée par une prise de sang pour dépister d'éventuels problèmes au niveau de la coagulation sanguine.

Entre 36 et 37 SA. Si bébé ne s'est toujours pas retourné, le gynécologue peut vous proposer une version par manœuvres externes.

C'est généralement le moment où…

- **On part en congé maternité** (autour de 34-35 SA).

- **On organise une baby-shower** si le cœur nous en dit (voir p. 185, le chapitre « La baby-shower de l'année »).

Le neuvième mois

Septième et dernière consultation prénatale obligatoire, avec le gynécologue ou la sage-femme. Vous avez maintenant l'habitude :

passage sur la balance, prise de tension, mesure de la hauteur utérine, écoute des battements cardiaques de bébé.

39 SA. Si une césarienne a été programmée pour des raisons médicales, elle a le plus souvent lieu dans ces eaux-là.

Il y a de grandes chances que...

- La sage-femme prévoit un monitoring de contrôle hebdomadaire.

- Votre maternité vous propose une petite visite guidée.

C'est le moment ou jamais de...

- **Préparer votre valise pour la maternité** (voir p. 191, le chapitre « Dans ma valise pour la maternité, il y a... »).

- **Prévoir par quel moyen de locomotion vous allez vous rendre à la maternité.** Vous faire conduire en voiture, c'est bien sûr l'idéal. Y aller à pied ou par les transports en commun, c'est osé. Quant à prendre le volant, vous oubliez tout de suite. Attention, les taxis acceptent rarement les femmes sur le point d'accoucher. Donc, si comme moi, vous n'avez pas de chauffeur sous la main (le (beau)-papa ne conduit pas, je ne connais pas très bien les voisins), vous devrez vous rapprocher d'un service de taxi-ambulances. Gardez bien la facture, vous serez remboursée. Et si c'est le week-end, il vous faudra appeler directement le 15. C'est ce qui s'est passé pour le petit koala. J'avais appelé une société de taxi-ambulances et j'avais

Attention, les taxis acceptent rarement les femmes sur le point d'accoucher.

bien enregistré son numéro dans mon téléphone et dans celui du (beau)-papa, mais évidemment, j'avais oublié de leur demander s'ils roulaient aussi le week-end. C'est donc dans un beau camion rouge que j'ai débarqué à la maternité. Aujourd'hui encore, je suis gênée d'avoir monopolisé les pompiers pour me faire amener, mais quand on n'a pas d'autre choix… Sachez qu'ils ne peuvent pas refuser de vous embarquer, même si vous n'êtes qu'en début de travail. En revanche, ils vous déposeront probablement à la maternité la plus proche. On avait eu de la chance, dans notre cas, il s'agissait de la clinique où on était inscrits.

- **Commencer à confectionner vos faire-part.** Même si vous avez prévu de n'envoyer qu'une photo, écrivez au moins les adresses sur vos enveloppes. Quand bébé sera là, vous aurez autre chose à faire.

- **Réfléchir au choix du pédiatre.** Je ne veux pas vous stresser mais dans certaines villes, on frôle la pénurie... Interrogez votre gynéco, votre généraliste et vos copines déjà mamans pour trouver la perle rare. Puis appelez son secrétariat pour savoir s'il prend de nouveaux patients et dans quels délais.

ZOOM SUR LE MONITORING DE CONTRÔLE

Si vous souffrez d'hypertension, de diabète gestationnel ou d'une autre pathologie nécessitant une surveillance rapprochée, vous avez déjà fait connaissance avec cet appareillage électronique. Mais le plus souvent, on l'expérimente les dernières semaines de grossesse, au cabinet de la sage-femme ou à la maison. Et au moment des premières contractions, on y a recours à plusieurs reprises, durant le travail, puis tout le temps de l'accouchement.

→

Ça se passe comment ? Une sangle posée sur votre bas-ventre maintient en place deux capteurs à ultrasons, voire trois si vous attendez des jumeaux. La séance dure entre 20 et 30 minutes. Vous êtes allongée sur le dos, le buste relevé, ou sur le côté gauche. Précision qui a son importance : c'est absolument sans danger pour bébé et totalement indolore.

À quoi ça sert ? L'un des capteurs permet d'enregistrer le rythme cardiaque de bébé, l'autre d'enregistrer l'intensité et la régularité de vos contractions quand il y en a.

Dans mon souvenir ? J'ai toujours aimé ces moments où je pouvais me reposer en écoutant les battements cardiaques du petit koala (pour les deux grands, je n'ai eu de monitoring que le jour de l'accouchement). Mais en bavardant avec les jeunes femmes qui faisaient leur monitoring en même temps que moi, j'ai réalisé que certaines étaient stressées par ces sons. Si c'est votre cas, demandez à la sage-femme de baisser le volume, cela n'a aucun impact sur les résultats du monitoring. Et pas d'inquiétude si par moments vous avez l'impression que le cœur de bébé s'est arrêté de battre ! C'est tout simplement le capteur qui a un peu bougé ou bébé qui s'est carrément retourné. Il suffit de repositionner le capteur pour retrouver un bon signal.

Mon conseil ? À moins d'être vous-même sage-femme ou obstétricienne, ne cherchez pas à interpréter les tracés du monitoring, vous allez stresser pour rien. Apportez de la lecture, discutez avec votre voisine, visualisez la future chambre de bébé en écoutant son petit cœur si, comme moi, vous y prenez plaisir.

La patte de Brooklyn the Cat

Plus votre ventre grossit, plus vous dormez mal ? Apparemment c'est très fréquent. Surtout que votre bébé adore gigoter quand vous êtes allongée (vos mouvements le bercent et l'endorment). Je le comprends, d'ailleurs je fais la même chose que lui. La journée, regarder mes maîtres courir dans tous les sens, ça m'épuise, je dors comme une bûche. Du coup, la nuit, faut bien que je me défoule un peu.
Bref, en ma qualité d'expert-sommeil, j'ai donc été mandaté pour vous conseiller :

1. **Couchez-vous plutôt sur le côté gauche.** Dans cette position, le sang circule mieux vers votre placenta et vos reins éliminent plus efficacement les toxines et les déchets. Ceci étant, dormir sur le côté droit ne fait courir aucun risque à votre bébé. Sur le dos non plus, mais ça m'étonnerait que vous réussissiez à rester bien longtemps dans cette position. Ma maîtresse dormait sur le côté, avec un oreiller sous la tête, un autre sous le ventre et un dernier entre ses genoux un peu relevés. Cette égoïste prenait une de ces places, dans mon lit !…
2. **Tentez l'homéopathie.** Ça a l'air bon, ces granulés blancs, mon petit maître adore en prendre ! Alors pour vous relaxer, c'est Passiflora composé 9 CH, 3 à 5 granules, au coucher. Et si vous n'arrêtez pas de penser à l'accouchement et à l'après-accouchement, c'est Coffea cruda 9 CH et Ignatia 9 CH, 3 à 5 granules de chaque, au coucher et en pleine nuit quand vous vous réveillez.

→

3. **Pourquoi pas des tisanes ?** Dans mon souvenir, ma maîtresse se levait déjà bien assez souvent comme ça la nuit sans avoir bu de boisson chaude… Mais si vous faites partie des chanceuses qui ne passent pas leur temps à faire pipi, à vous les infusions de camomille, de mélisse, de fleur d'oranger, de lavande. Le lait chaud, c'est très bien aussi. Je dis ça en toute objectivité : le lait contient du tryptophane, un acide aminé qui favorise la production de sérotonine et donc l'endormissement.

(PS : Rassurez-vous, ce n'est pas parce que vous faites beaucoup d'insomnies que votre humain miniature sera nerveux ou mauvais dormeur. Il n'y a aucun lien).

3

La baby-shower de l'année

Si vous aussi vous êtes fan de séries et de comédies US, cette tradition américaine vous parle sûrement. Quoiqu'en faisant quelques recherches sur le Net, j'ai appris qu'on organisait des fêtes prénatales dans de nombreuses autres cultures. En France, ça commence tout doucement à prendre. Pour les deux grands, il ne me serait jamais venu à l'idée d'en faire une. À l'époque, ce n'était pas du tout connu. Pour le petit koala, je me suis lancée : réunir des copines, les accueillir dans une jolie déco autour de gâteaux et de bonbons, ça me parlait.

Cinq bonnes raisons d'organiser une baby-shower

1. **Bébé va être gâté.** Baby-shower signifie littéralement « doucher bébé »... de cadeaux ! Alors même si ce n'est pas l'objectif premier de votre petite fête, ça ne se refuse pas.

2. **Ça va vous occuper l'esprit.** Les dernières semaines, l'attente est longue, très longue... Et croyez-moi, tout est bon pour passer le temps. Bonne nouvelle : au rythme où l'on fait les choses à 7-8 mois de grossesse, je vous promets que lancer les invitations, décorer le salon et préparer un gâteau de bonbons, ça va déjà vous prendre quelques heures.

3. **Vous allez bien vous amuser.** Surtout si vous organisez quelques jeux thématiques (voir un peu plus bas).

4. **Ça fera de jolies photos souvenir.** Vous les glisserez dans l'album de bébé, juste entre son meilleur cliché d'échographie et son bracelet de maternité.

5. **C'est une bonne excuse pour manger des sucreries.** Personnellement, j'aurais mis cet argument en première place. Mais en tant que journaliste-santé, je ne peux raisonnablement pas vous inciter à faire exploser votre taux de glycémie.

Les secrets d'une fête réussie

On fait ça quand ?

Au 8e mois, c'est bien. Après, vous risquez de devoir filer à la maternité sans crier gare. Je ne suis pas très geek mais je vais sur *www.doodle.com* pour organiser ce genre d'événement. C'est gratuit et c'est simplissime à utiliser, il suffit de connaître les adresses mail de vos invités pour leur proposer différentes dates. Si moi j'y arrive, tout le monde peut y arriver !

On invite qui ?

Vos meilleures copines, vos sœurs, les futures grands-mères, vos tantes, vos cousines… La baby-shower est une fête *girly* par excellence. Mais tout est permis ! Pas de discrimination. Une copine qui n'a jamais voulu d'enfant peut se révéler bien plus fun qu'une maman au bord du *burn-out* familial… Et si votre meilleur ami est un garçon, lui aussi a le droit de venir. L'essentiel est d'être entourée par des personnes que vous aimez et qui vous font du bien (voir p. 30, « Stop aux mauvaises ondes »). À la maison, on était une quinzaine. Papa était de la partie, talent et matériel de photographe amateur obligent. Le grand frère et la grande sœur aussi : même à cet âge, il ne faut jamais sous-estimer la jalousie suscitée par un nouvel arrivant.

On suggère quoi, comme idées cadeaux ?

La tradition veut que l'on vous offre un gâteau de couches. Vous trouverez plein d'exemples sur le net. L'idée peut faire sourire, mais c'est un cadeau drôlement utile qui peut vous faire économiser plusieurs dizaines d'euros. Si vos invitées manquent d'idées, vous pouvez aussi déjà les envoyer vers votre liste de cadeaux de naissance (voir p. 133, le chapitre « La shopping list idéale »).

On décore comment ?

Comme vous voulez ! Et si vous n'êtes pas très branchée déco, déléguez ou zappez carrément. Moi, j'adore ça, alors évidemment je me suis régalée. Je ne sais plus trop pourquoi, j'étais partie sur du bleu et du jaune. Peut-être mon amour pour les pays nordiques ? J'ai tout acheté sur *www.mylittleday.fr* – ils font de très jolies choses, des petites cuillères en bois aux ballons à gonfler déclinés dans toutes les couleurs, sans oublier les guirlandes de textes à accrocher au mur. Quand on n'a pas assez de temps et trop de ventre pour courir d'une boutique à l'autre, la vente en ligne, c'est un petit luxe non négligeable.

On mange quoi ?

Si comme les miennes, vos invitées sont bien élevées, elles vont probablement vous demander quoi apporter à boire et à manger. Là, *www.doodle.com* peut se révéler très utile pour préciser les missions de chacune et ainsi éviter les oublis ou les doublons. Pour la baby-shower du petit koala, j'avais commandé à Nans Bakery* de délicieux sablés à l'effigie de Totoro, l'un de nos dessins animés préférés. J'avais confié à une copine, excellente pâtissière, le soin de réaliser des choux à la crème décorés de sucre jaune et bleu. Et j'avais fait un gâteau au yaourt assez basique, mais recouvert de pâte à sucre bleue surplombée du message « *It's a boy* » en pâte à sucre blanche, réalisé à l'aide d'emporte-pièces alphabet. Non pas

* *www.nansbakery.com*

que je ne faisais pas confiance aux autres convives, mais c'est mon côté perfectionniste : je voulais que le buffet soit en place quand elles arriveraient. La veille, j'avais donc confectionné un gâteau de bonbons. Ce n'est pas très compliqué. Il vous faut des disques en polystyrène de différents diamètres (en magasins de loisirs créatifs), du papier d'aluminium pour les recouvrir, des bonbons, plein de bonbons, et des cure-dents pour faire tenir le tout. Ici, la base du gâteau était une couronne de guimauve torsadée. Il y avait aussi des bananes, des oursons en guimauve au chocolat au lait et au chocolat blanc, des soucoupes qui piquent, des chamallows blancs et des grosses fraises bleues. L'idée était de coller au mieux à la thématique du buffet côté couleurs. J'ai la photo sous les yeux pour vous le décrire. Toutes ces sucreries sous mon nez, c'est une vraie torture… Ah, et bien sûr, du jus d'orange et de l'eau aromatisée au sirop de guimauve bleu. J'avais acheté des bouteilles en verre transparent avec bouchon (1,99 € pièce chez Ikea) et je les avais décorées avec un tube de peinture 3D bleue.

Comment on occupe tout ce petit monde ?

Contrairement à la déco, organiser et participer à des jeux, ce n'est pas du tout mon truc. J'ai toujours admiré les copines qui préparaient des chasses au trésor et des pêches aux canards pour les anniversaires de leurs enfants… Donc j'ai fait simple : je n'ai rien fait du tout ! L'après-midi a pourtant filé à toute allure, conformément à ce que j'avais imaginé. Beaucoup de sourires et de rires, beaucoup d'embrassades et même quelques larmes d'émotion. Seul petit regret : j'avais complètement oublié de préparer un livre d'or. Pensez-y !

Mais il y a moyen de s'amuser encore fois plus, si on en croit les sites consacrés aux baby-showers – allez visiter *www.joliebabyshower.com* – en organisant…

- **Des gages à l'ouverture des cadeaux** : si vous ne devinez pas ce que cache l'emballage, vous devez chanter, vous lancer dans une imitation…
- **Des épreuves de rapidité** : qui parmi vos convives saura replier la poussette, changer une poupée les yeux bandés ou l'installer dans un porte-bébé le plus vite ?
- **Un karaoké de comptines** : vous en trouverez des dizaines sur Youtube.
- **Un « dessinez, c'est gagné »** qui tourne autour de la maternité.

La patte de Brooklyn the Cat

On n'en a pas fait autant pour célébrer mon arrivée dans la famille ! Enfin, je dis ça, ils ont invité des amis pour mon premier anniversaire, on m'a offert des souris en plastique et une boîte de coton-tige. J'adore jouer avec. D'ailleurs, ça me fait penser que j'ai 4 ans et que je n'ai eu qu'une seule fête d'anniversaire…

4

Dans ma valise pour la maternité, il y a …

Pour profiter de votre fin de grossesse l'esprit tranquille, je vous conseille de préparer vos affaires dès le début du 8e mois. Voici une petite liste, la plus complète possible. Raturez-la à votre guise, pour faire le tri entre ce qui est prêt à emporter et ce qui ne l'est pas : elle est faite pour ça.

Dans votre sac pour la salle d'accouchement

Votre pochette administrative et son contenu

- ❒ Votre livret de famille ;
- ❒ votre carte Vitale et votre carte de mutuelle ;
- ❒ votre carte de groupe sanguin ;
- ❒ votre dossier médical (échographies, bilan anesthésiste…).

Une tenue confort pour vous

- ❒ Préférez une chemise de nuit boutonnée ou une grande chemise type liquette à un t-shirt : même si vous n'avez pas prévu d'allaiter, ce sera plus pratique pour faire du peau à peau. N'investissez pas trop : s'il est important que vous vous sentiez bien et jolie dans votre tenue, elle risque fortement d'être tachée ;
- ❒ des tongs ou des chaussettes épaisses si vous éprouvez le besoin de marcher pendant le travail.

Des détails qui comptent

- ❒ Un chargeur pour votre Smartphone et/ou celui du papa ;
- ❒ un peu de monnaie pour le distributeur de café et de barres chocolatées, il ne manquerait plus que votre fidèle assistant fasse un malaise ;
- ❒ un coussin ou un tour de cou gonflable pour qu'il puisse se reposer dans un fauteuil si le travail se prolonge un peu ;
- ❒ une petite bouteille d'eau, une briquette de jus d'orange, des biscuits. On sait aujourd'hui que faire jeûner les futures mamans pendant le travail n'a aucun intérêt. Mais attention, les habitudes mettent du temps à changer et certaines équipes sont

encore réfractaires à l'idée de laisser leurs patientes boire ou grignoter ;

- ❐ un brumisateur, une petite serviette éponge ;
- ❐ des écouteurs pour vous évader pendant le travail. J'ai vu une émission télé où les couples apportaient des enceintes pour accoucher en musique, je n'aurais jamais osé. Mais quand les contractions étaient encore supportables, je me rappelle avoir marché dans le couloir au son de mes chansons préférées et ça m'avait fait du bien.

Des vêtements chauds pour bébé

- ❐ Même en plein été, les bébés ont toujours froid les premières heures. Pour ce qui est du choix de la taille, il existe des vêtements « naissance », conçus pour des bébés de 50 cm. Mais je vous conseillerais de partir d'emblée sur du 1 mois, ils sont conçus pour des bébés de 54 cm. On ne sait jamais, et vous pourrez les utiliser un peu plus longtemps ;
- ❐ un body manches longues qui s'ouvre devant ;
- ❐ un pyjama ;
- ❐ un gilet ;
- ❐ un bonnet en coton ;
- ❐ une paire de chaussettes.

Dans votre valise pour votre séjour

Pour vous

- ❐ Des serviettes périodiques ultra-absorbantes : durant les jours qui suivent l'accouchement, vous aurez des pertes de sang abondantes (lochies) ;

- ❒ des slips jetables ou, c'est ce que j'ai fait, vos culottes de grossesse si vous aviez prévu de les jeter (elles risquent fortement d'être tachées) ;
- ❒ deux chemises de nuit ou deux pyjamas, un peignoir (si vous êtes frileuse car les chambres sont en général bien chauffées), une paire de chaussons ou de tongs ;
- ❒ des vêtements de grossesse (impossible de prévoir à quel rythme vous allez perdre votre ventre) dans lesquels vous vous sentez à la fois jolie et à l'aise ;
- ❒ deux ou trois serviettes de toilette. Oubliez le gant pour la toilette intime, c'est un nid à microbes, mieux vaut vous laver avec la main sous la douche ;
- ❒ une brosse à dents et du dentifrice (vous ne penserez pas forcément à courir les chercher dans la salle de bains au moment du départ) ;
- ❒ du shampooing classique mais aussi du shampoing sec, au cas où vous n'auriez pas le temps ni l'énergie de vous laver les cheveux ;
- ❒ une brosse à cheveux et des élastiques si vous avez les cheveux longs (idem, vous aurez autre chose en tête quand ce sera le moment de partir !) ;
- ❒ un savon mais aussi des lingettes d'hygiène intime, au cas où une césarienne vous empêcherait de vous doucher les deux premiers jours ;
- ❒ un nettoyant visage, une crème hydratante ;
- ❒ un déodorant, voire un échantillon de votre parfum préféré pour ne pas vous sentir trop dépaysée ;
- ❒ de l'anticerne, du mascara, du blush, du gloss hydratant, au cas où vous auriez l'envie et l'énergie de vous faire une petite beauté avant vos visites ou le passage du photographe de la maternité ;
- ❒ un peu de lecture, un iPad ou un ordinateur portable…
- ❒ un paquet de pruneaux, de céréales complètes, de biscuits enrichis en fibre. Après une césarienne et/ou une péridurale, le transit est lui aussi souvent un peu anesthésié ;

- ❐ vos biscuits ou vos chocolats préférés. Là, c'est la gourmande qui parle, mais le moment n'est pas encore venu de penser à votre silhouette. Croyez-moi, vu le contenu des plateaux-repas, des petites douceurs sont souvent les bienvenues.

Si vous avez prévu d'allaiter

- ❐ Deux soutiens-gorge d'allaitement et des coussinets d'allaitement ;
- ❐ une crème protectrice pour les mamelons type Almafil Lansinoh. Vous n'en aurez pas forcément besoin – je n'ai jamais utilisé la mienne –, mais des copines en étaient très contentes ;
- ❐ un coussin de maternité si vous en avez un ;
- ❐ des hauts qui s'ouvrent sur le devant.

ⓘ **À NOTER :** certaines maternités fournissent des protections ultra-absorbantes et des slips jetables, posez la question au moment de l'inscription.

Pour bébé

- ❐ Des compresses stériles ;
- ❐ des dosettes de sérum physiologique, pour nettoyer ses yeux et son nez ;
- ❐ des dosettes d'antiseptique type chlorhexidine, pour nettoyer son cordon ;
- ❐ deux ou trois serviettes de toilette ;
- ❐ un produit lavant 2 en 1 pour bébé ;
- ❐ de grands carrés de coton et du liniment oléo-calcaire pour nettoyer ses fesses. J'ai une préférence pour ce produit pratique (il ne se rince pas) et naturel (huile d'olive et eau de chaux) qui laisse un film protecteur sur la peau ;
- ❐ des couches ;

- ❐ côté vêtements, il aura besoin d'au moins six bodys manches longues qui s'ouvrent sur le devant ; quatre pyjamas ; deux gilets ; un bonnet ; des chaussettes ; des bavoirs. Avant de préparer son sac, pensez à tout laver avec une lessive hypoallergénique ;
- ❐ un doudou, avec lequel vous aurez pris soin de dormir les derniers jours de la grossesse pour l'imprégner de votre odeur ;
- ❐ une tétine, au cas où. Il n'y a aucune règle en la matière : les bébés qui en ont une ne sont pas plus épanouis que les autres, et la réciproque est tout aussi vraie. Mais certains nourrissons ont un besoin de succion plus développé que la moyenne. Une tétine peut alors s'avérer bien utile les premières semaines. Personnellement, j'ai souvent fait patienter mes jeunes affamés en leur donnant mon petit doigt (bien propre et sans verni) à sucer entre deux tétées.

À NOTER : certaines maternités fournissent les produits de soin pour bébé, posez la question au moment de l'inscription.

La patte de Brooklyn the Cat

Emportez aussi un sac à linge sale. Votre partenaire pourra faire une première lessive avant même votre retour, c'est un bon échauffement pour les semaines à venir. Et si vous avez des animaux, ce serait bien de leur faire renifler les affaires de bébé avant de les laver, histoire qu'ils s'habituent en douceur à son odeur.

5

Un bébé tête en l'air

Enfant, j'adorais feuilleter le livre sur la grossesse qui était resté dans la bibliothèque familiale après mon arrivée. Mon passage préféré ? Les dessins qui expliquaient le développement du fœtus mois après mois. J'étais fascinée par l'idée qu'une toute petite graine puisse devenir un bébé aussi beau et déjà assez intelligent pour savoir à quel moment il devait mettre sa tête en bas pour pouvoir sortir plus facilement de sa maman ! Bon, depuis j'ai compris que ça n'avait rien à voir avec le développement intellectuel des nouveau-nés, mais ça n'enlève rien à la magie de la chose.

Plus de 9 fois sur 10 donc, les bébés prêts à naître sont en « présentation céphalique », c'est-à-dire tête en bas et fesses en l'air.

Plus de 9 fois sur 10 donc, les bébés prêts à naître sont en « présentation céphalique », c'est-à-dire tête en bas et fesses en l'air. La nature a pensé à tout : la tête des nourrissons étant la partie la plus volumineuse de leur corps, une fois qu'elle est passée, tout le reste suit. Mais certains se compliquent la tâche, la vôtre et celle de l'équipe soignante en adoptant une autre position. Ils se mettent « en siège », tête en l'air et fesses en bas. Ou, plus rarement encore, se présentent en « position transversale », la tête au niveau d'une des hanches de leur maman, les fesses de l'autre côté. On s'en rend le plus souvent compte à la troisième échographie, entre 32 et 34 SA. A priori, à ce stade, une fois qu'ils ont adopté une position de présentation, il y a très peu de risques qu'elle change d'ici l'accouchement : ils n'ont plus assez de place pour se retourner d'eux-mêmes, surtout si c'est une première grossesse. Quand ils ont déjà des frères et soeurs, l'utérus de maman étant plus distendu, ils ont un peu plus de marge pour faire encore des cabrioles.

L'acupuncture peut aider

C'est ce qui s'est passé pour le petit koala. À la troisième échographie, Monsieur faisait sa vie, encore à l'horizontale dans mon utérus, totalement indifférent aux lois naturelles. Ca n'a pas alarmé ma gynéco, pour elle il avait encore du temps devant lui. On a reprogrammé une nouvelle échographie de contrôle deux semaines plus tard. Entre-temps, elle m'a conseillé d'aller voir un acupuncteur. Il existe en effet un point au niveau de notre petit orteil qui, lorsqu'il est stimulé, augmente les mouvements de bébé *in utero* et donc les chances qu'il se retourne. C'est un point un peu douloureux pour nous mais c'est absolument sans danger pour bébé. Et même si ça ne marche pas à tous les coups, on peut profiter de la séance pour se faire

Il existe un point au niveau de notre petit orteil qui, lorsqu'il est stimulé, augmente les mouvements de bébé in utero et donc les chances qu'il se retourne.

poser quelques aiguilles en plus, histoire de stimuler le transit, soulager des maux de dos, mieux dormir… J'avais de la chance, l'acupuncteur conseillé par ma gynéco était celui qui me suivait habituellement. Mieux vaut en effet demander des noms à votre médecin : certains acupuncteurs maîtrisent mieux ce point que d'autres. En parallèle, j'ai aussi demandé à mon ostéo d'essayer de faire bouger un peu tout ça. En revanche, je n'ai pas tenté l'haptonomie : ça peut fonctionner, à condition d'en faire depuis déjà plusieurs semaines (voir p. 119, le chapitre « Mille et une façons de me préparer »). Je n'ai pas essayé non plus les postures censées faciliter les choses (voir l'encadré).

Parfois le gynéco intervient

Nouvelle échographie, nouvelle déconvenue, le loulou n'avait toujours pas la tête en bas. Ma gynéco m'a donc proposé une autre option : la version par manœuvres externes. On l'a programmée à la 37e semaine, après le rendez-vous chez l'anesthésiste. Même si c'est peu fréquent, cette technique peut en effet provoquer des contractions et un accouchement prématuré. À ce stade de la grossesse, ce n'est plus dangereux pour bébé d'arriver en avance, mais il vaut mieux le savoir. Notez que la version est contre-indiquée en cas d'utérus mal formé, cicatriciel, ou en cas de placenta *praevia*.

La manœuvre se déroule à la clinique, sous monitoring. Aidée de l'échographie pour bien visualiser ce qui était en train de se passer, ma gynéco a appuyé à plusieurs reprises sur mon ventre pour essayer de faire bouger le petit koala. En vain… Il faut savoir que le taux de réussite tourne autour des 50 % et qu'il augmente quand c'est un deuxième ou troisième bébé. Contrairement à ce que m'on avait dit, je n'ai pas trouvé ça douloureux. Mais il faut dire qu'elle y est allée cool : quand elle a constaté qu'il n'en faisait vraiment qu'à sa tête, elle n'a pas insisté. Je suis restée sous surveillance monitoring une heure, puis, avec le (beau)-papa, nous sommes allés déjeuner dans un des meilleurs restaurants de la ville. J'avais lu des choses un peu anxiogènes sur la version et je savais qu'elle pouvait échouer, on s'était donc prévus une petite sortie en amoureux pour nous remonter le moral au cas où. Un déjeuner très sympa, même si la conversation a beaucoup tourné autour de cette question : césarienne ou pas césarienne ? Car c'était un vendredi et face à ce bébé un peu têtu, ma gynéco nous avait donné le week-end pour réfléchir. Vu la situation (bébé a priori de taille normale, maman au bassin a priori assez large, troisième accouchement), elle était prête à tenter un accouchement par le siège. Mais elle comprenait que l'on puisse vouloir opter pour une césarienne programmée.

Césarienne ou tentative par le siège ?

Avoir le choix, c'est chouette… et pas tant que ça ! On a passé les deux jours suivants à peser le pour et le contre. J'ai posté la question sur le forum de l'association Cesarine, dédié aux naissances par césarienne, j'ai textoté ma sage-femme et une copine dont le mari est gynéco pour avoir leur avis… Le lundi matin, quand je suis allée chez ma gynéco faire une échographie pour mesurer mon bassin et estimer le poids du petit koala, on n'était toujours pas vraiment décidés. Mais Monsieur, lui, avait fait son choix : il allait finalement arriver la tête en bas. Ma gynéco pense que la version avait peut-être permis de débloquer un bras ou une jambe qui coinçaient un peu et qu'il avait terminé le job tout seul pendant le week-end. Ce retournement de situation, c'est mon fils tout craché : le canal lacrymal de son œil gauche ne s'est débouché qu'à l'approche de son

premier anniversaire. Et il aura attendu ses 18 mois pour marcher tout seul après s'être déplacé pendant de longs mois en se propulsant avec ses mains et en rebondissant sur son petit cul. C'est vrai, après tout, pourquoi faire comme tout le monde ?

En résumé

Si c'est un siège, la décision se prend au cas par cas.

Pas de panique si la troisième écho montre que bébé n'est pas dans la bonne position. Il est possible de l'aider à se retourner.
Et si, quand le travail va commencer, il n'a toujours pas la tête en bas, cela n'implique pas forcément une naissance par césarienne. Seule une « présentation transversale » ne laisse pas d'autre choix qu'un accouchement par césarienne. Si c'est un siège, la décision se prend au cas par cas. Mais une chose est sûre, l'accouchement par le siège rend totalement inenvisageable l'accouchement à domicile et augmente le risque d'épisiotomie.

LES POSITIONS FACILITANTES

Deux postures sont réputées faciliter le bon positionnement de bébé :

- Le « pont indien » : allongez-vous sur le dos puis surélevez les fesses de 30 cm, deux fois 20 minutes par jour.
- La position dite « genu-pectorale » ou « prière musulmane » : agenouillez-vous et posez les avant-bras au sol plusieurs fois par jour.

À noter : aussi acrobatiques soient-elles, rassurez-vous, ces postures ne font courir de risques qu'à votre ego. Personnellement, vu l'ampleur de mon ventre, je n'ai même pas envisagé d'essayer.

6

Péridurale ou pas péridurale ?

À l'heure actuelle, environ 6 femmes sur 10 répondent oui. Moi aussi j'ai dit oui, les trois fois, sans hésitation. Parce que ma mère m'avait beaucoup parlé de ma douloureuse et interminable venue au monde ? Peut-être. Mais je crois que j'aurais opté pour la péridurale même sans ça. Et même si je sais qu'il est possible de gérer les douleurs autrement. La preuve, l'une de mes tantes a eu cinq enfants sans péridurale et sans jamais avoir mal. La péridurale est un choix très personnel, je ne veux pas vous influencer. Ni dans un sens ni dans l'autre. Mais je peux vous aider à y voir un peu plus clair parmi toutes les idées reçues qui circulent à son sujet.

Environ 6 femmes sur 10 répondent oui.

On peut changer d'avis jusqu'au dernier moment

C'est vrai et c'est une très bonne chose. C'est d'ailleurs l'une des raisons pour lesquelles il est obligatoire de voir un anesthésiste au 8e mois de grossesse, que l'on ait ou non prévu de recourir à la péridurale. La perception de la douleur est très variable d'une femme à l'autre, il est impossible de prévoir comment on va réagir dans le feu de l'action. On peut s'être angoissée pendant des semaines et finalement accoucher si facilement que la péridurale prévue n'a plus lieu d'être. À l'inverse, malgré une excellente préparation, tout le monde a le droit de se laisser déborder par l'intensité des contractions. Il est alors rassurant de se dire que rien n'est figé et que l'on peut changer d'avis. Il faut juste se rappeler que l'analgésie met environ 15 minutes à faire effet.

On ne peut pas toutes en bénéficier

C'est vrai. Des troubles de la coagulation, une infection cutanée au point de ponction, une poussée de fièvre sont des contre-indications formelles. Certaines malformations lombaires peuvent être un obstacle. L'anesthésiste fera le point sur tout ça lors de la consultation du 8e mois et complétera ses observations par un bilan sanguin. Notez que ce ne sera probablement pas cet anesthésiste qui sera là le jour où vous accoucherez. Mais, au moins, toutes les informations médicales vous concernant seront précieusement consignées dans votre dossier et l'équipe présente le jour de votre accouchement pourra facilement les consulter.

Les tatouages dans le dos posent problème

C'est faux. Contrairement à ce que l'on croit souvent, la présence d'encre dans la zone où l'anesthésiste injecte le produit n'est pas une contre-indication à la péridurale.

Ça fait super mal quand on injecte le produit

Ça dépend des femmes. J'ai eu trois péridurales et elles n'ont jamais été douloureuses, mais certaines n'en gardent pas un super souvenir. Une chose est sûre, ne vous laissez pas impressionner par la taille du cathéter ! Avant de l'insérer, le médecin endort la zone à piquer avec une anesthésie locale. Puis il repère l'espace péridural situé entre deux vertèbres, dans le bas du dos, et s'assure que vous ne sentez plus rien avant de poser le cathéter qui permettra de diffuser le produit anesthésiant.

L'anesthésiste n'est pas toujours disponible

C'est faux… et c'est vrai. En théorie, depuis le plan de périnatalité de 1998, les maternités pratiquant moins de 1 500 accouchements par an ont l'obligation d'avoir un médecin anesthésiste d'astreinte. Dans les maternités pratiquant plus de 1 500 accouchements par an, un médecin anesthésiste est sur place en permanence. Donc, en théorie, si vous voulez une péridurale (et si votre dossier médical le permet), il n'y a aucune raison qu'on vous la refuse. Dans la pratique, ce n'est pas aussi simple, les anesthésistes sont parfois débordés. Rassurez-vous, ils finissent généralement toujours par poser la péridurale demandée, mais pas forcément aussi tôt qu'on l'aurait souhaité. Notez que le bon moment pour intervenir a longtemps fait débat, mais ce débat n'a plus de raison d'être : aucune étude n'a prouvé qu'il était plus sûr d'attendre une dilatation du col de 5 cm pour poser la péridurale. C'est pourtant souvent ce qui se pratique encore, soit parce que l'équipe médicale tient à ses habitudes, soit parce que l'anesthésiste est mobilisé, par exemple sur une césarienne. D'où l'intérêt, même si l'on a prévu d'opter pour la péridurale, de suivre des séances de préparation à la naissance et à la parentalité, histoire de ne pas être totalement prise au dépourvu.

Bébé reçoit une dose de produit analgésiant

C'est vrai, mais c'est sans danger. Le produit analgésiant passant dans la circulation maternelle, bébé en reçoit une dose infinitésimale. Mais cela n'a absolument aucune incidence sur sa santé et son développement.

Ça ne marche pas à tous les coups

C'est vrai, je peux le confirmer. L'efficacité d'une péridurale ne peut jamais être garantie à 100 %. Certaines femmes sont moins réceptives que d'autres aux effets du produit analgésiant. Pas de chance, j'en fais partie, aucune de mes péridurales n'a vraiment tenu ses promesses. Mais ça doit être mon côté têtu, j'ai remis ça à chaque fois. Pourquoi ? Parce que je reste persuadée que sans, ça aurait été pire.

Parce que oui, je fais partie des femmes qui ont eu très mal pendant leur accouchement. Vraiment très mal. Péridurale posée trop tard, insuffisamment dosée, mal répartie entre les deux côtés du corps, j'ai tout connu. Et pourtant, malgré son intensité, la douleur ne m'a jamais traumatisée. À l'instant où je tenais mon bébé dans les bras, c'est comme si elle n'avait jamais existé. Mais rassurez-vous, la plupart de mes copines qui ont opté pour la péridurale en gardent un très bon souvenir : elles ont senti les contractions, elles ont pleinement vécu toutes les sensations de l'accouchement, mais ce n'était pas douloureux. Car c'est ça, au final, le but recherché. Non pas de ne rien sentir, mais ne rien sentir de trop désagréable.

La péridurale allonge la durée du travail

On ne sait pas trop. La péridurale peut effectivement diminuer légèrement l'intensité des contractions et donc rallonger un peu la durée du travail. Mais elle peut aussi contribuer à décontracter le col de l'utérus et donc à le dilater plus rapidement.

La péridurale augmente le risque d'épisiotomie et de forceps

C'est faux. En tout cas rien ne permet de l'affirmer. Étant donné le taux élevé de péridurales, il est impossible de mener des études comparatives suffisamment parlantes pour établir un lien direct entre la péridurale et le recours aux forceps, aux ventouses ou encore à l'épisiotomie. En revanche, une chose est sûre, si ces gestes doivent être pratiqués, ils seront moins désagréables sous péridurale.

La péridurale peut provoquer des maux de tête.

C'est vrai. Des mamans se plaignent parfois de céphalées durant les jours qui suivent. Ces maux de tête s'expliquent par la perforation de la dure-mère, une membrane entourant la moelle épinière, et l'écoulement d'un peu de liquide céphalo-rachidien qui en résulte. Ce n'est pas dangereux mais il faut alors rester le plus souvent possible allongée durant les jours qui suivent l'accouchement, le temps que tout rentre dans l'ordre. Quand ça ne suffit pas, une légère intervention pour colmater la brèche de la dure-mère peut s'avérer nécessaire. Sachez que des douleurs lombaires peuvent aussi survenir, mais elles ne résistent pas aux analgésiques classiques.

On peut rester paralysée

C'est plus que rarissime. La paralysie reste certainement l'effet secondaire le plus redouté. Pourtant, avec les précautions prises aujourd'hui, même si le risque existe toujours, il est devenu infime. Et quand un accident survient malgré tout, le chirurgien a la possibilité d'intervenir pour décompresser la zone où s'est formé l'hématome à l'origine de la paralysie.

D'autres options antidouleur

La péridurale n'est pas incontournable. Que vous n'en vouliez pas, ou que vous n'y ayez pas droit, vous avez heureusement autres possibilités. L'acupuncture, l'hypnose, la sophrologie, l'inhalation

d'un mélange gazeux analgésique, la neurostimulation électrique transcutanée, l'administration de petites doses de morphine peuvent vous soulager, sans parler de ce que vous aurez appris lors des séances de préparation à la naissance et à la parentalité. La façon dont vous voulez appréhender les choses influe d'ailleurs sur le choix du lieu où vous allez choisir d'accoucher : certains établissements sont par exemple plus ouverts que d'autres sur la présence des médecines douces en salle de travail (voir p. 71, le chapitre « Accoucher, oui, mais où ? »).

7

Pas de panique, mais c'est le moment d'y aller

Oubliez tout de suite ces films et ces séries où la future maman perd les eaux en plein milieu du restaurant et manque d'accoucher dans le taxi qui file vers la maternité. Ça se passe rarement ainsi, surtout pour un premier bébé.

Ça se passe comment alors ?

Comme la sage-femme vous l'a certainement expliqué si vous avez suivi des cours de préparation à la naissance et à la paternité, il faut être attentive aux contractions. Celles qui annoncent le début du travail sont douloureuses, régulières, ont tendance à irradier vers le dos et ne cessent pas au bout de quelques dizaines de minutes. Pour un premier accouchement, on a coutume de dire qu'au bout d'une heure et demie à deux heures de contractions toutes les 5 minutes, il est temps de se rendre à la maternité.

Celles qui annoncent le début du travail sont douloureuses, régulières, ont tendance à irradier vers le dos et ne cessent pas au bout de quelques dizaines de minutes.

Pour les accouchements suivants, cet espacement entre chaque contraction passe de 5 à 10 minutes. Cela vous laisse le temps de prévenir le papa, de prendre une douche ou un bain (si vous n'avez pas encore perdu les eaux), de faire une légère collation si vous avez faim et de vérifier une dernière fois les affaires que vous allez emporter. Bien entendu, si cela vous rassure, rien ne vous empêche d'arriver très tôt à la maternité. Ou encore de passer un petit coup de fil à l'équipe de garde pour lui demander son avis. Mais attendre à la maison, c'est plus confortable que dans une salle d'attente ou une chambre impersonnelle. On peut pratiquer les exercices de respiration appris avec la sage-femme au son de ses musiques préférées, confortablement installée sur son canapé. Ou encore regarder des vidéos drôles pour se changer les idées (voir p. 239, « Feel Good vidéos»).

⚠ **Attention** : Une naissance multiple, annoncée par le siège, sur un utérus cicatriciel ou encore avec une césarienne programmée, nécessite de se rendre sans tarder à la maternité.

Des variantes possibles

- **Vous perdez le bouchon muqueux sans avoir de contraction.** Cet amas de glaires qui obstrue le col de l'utérus est le plus souvent expulsé sous l'effet des premières contractions. Mais vous

pouvez aussi le retrouver au fond de votre culotte deux jours avant le début de travail. Si vous n'avez aucune contraction et aucune perte de liquide, il faut encore attendre un peu avant de partir à la maternité. À l'inverse, sa perte peut aussi passer totalement inaperçue. J'ai accouché trois fois et je n'en ai pas le moindre souvenir.

- **Vous perdez les eaux sans avoir de contraction.** Toute perte de liquide clair et inodore durant la grossesse nécessite de consulter car cela peut signifier que la poche des eaux est fissurée et que bébé n'évolue plus dans un milieu stérile. Mais si vous perdez les eaux, c'est-à-dire une grande quantité de liquide en continu, pas d'affolement, c'est simplement un signe que le travail a commencé, même si vous n'avez pas encore de contractions. Finissez de préparer vos affaires et partez à la maternité, sans tarder mais sans vous précipiter non plus.

Et une fois arrivés à la maternité ?

L'équipe de garde va vous accueillir, vous demander de remplir quelques papiers et récupérer votre dossier médical (échographies, compte rendu du rendez-vous avec l'anesthésiste...). S'il était convenu que vous accouchiez avec votre gynécologue-obstétricien ou votre sage-femme, ils vont les contacter. Vous serez ensuite installés en salle de travail (une petite chambre) ou directement en salle d'accouchement. Des monitorings et des touchers vaginaux à intervalles réguliers vont permettre d'évaluer l'avancée du travail.

Si vous n'avez pas encore perdu les eaux en arrivant à la maternité, il est probable que la sage-femme rompe elle-même la poche de liquide amniotique avec une grande aiguille pour accélérer le travail. Rassurez-vous : même si sa grande aiguille est impressionnante, c'est absolument indolore et sans danger.

D'autres gestes médicaux peuvent avoir lieu. Ils n'ont rien de systématique et leur fréquence varie en fonction des habitudes des équipes. Par exemple, le rasage en vue d'une éventuelle épisiotomie se pratique encore mais c'est de plus en plus rare. La pose d'une sonde urinaire n'a rien d'obligatoire non plus. Vous pouvez discuter de son utilité avec l'équipe, tout en leur faisant bien entendu confiance si elle s'impose pour bien vider votre vessie avant le passage de bébé. En revanche, la pose d'un cathéter en intraveineuse sur l'avant-bras ou le dessus de la main est importante et non négociable ! Rassurez-vous, cela ne signifie pas que l'on va vous gaver de produits médicalisés à outrance. Simplement, au cas où il y aurait un problème et qu'une anesthésie s'avérerait nécessaire, au moins tout serait déjà prêt – c'est une précaution essentielle. Le recours ou non à ces gestes fait partie des questions à poser au moment où vous choisissez votre maternité.

Quand une péridurale est demandée, les médecins ont pour habitude d'attendre que le col soit à 5 cm de dilatation, mais ça n'a rien d'une règle écrite. Rien ne s'oppose à ce qu'elle soit installée plus tôt ou plus tard. À 10 cm de dilatation, bébé est prêt à sortir, on passe aux choses sérieuses. Le gynécologue ou la sage-femme vont guider vos poussées afin qu'elles soient le plus efficaces possible.

Après l'effort, à vous le réconfort de sentir votre bébé collé contre vous, le plus souvent en peau à peau.

Après l'effort, à vous le réconfort de sentir votre bébé collé contre vous, le plus souvent en peau à peau. C'est aussi l'occasion d'une première tétée si vous avez prévu d'allaiter.

Et en cas de complications ?

Je vous ai décrit le scénario idéal. Il arrive que l'état de santé de la maman et/ou de son bébé nécessite davantage d'interventions. Le médecin peut avoir recours aux forceps ou aux ventouses pour aider bébé à sortir, voire être dans l'obligation de pratiquer une césarienne. Il peut aussi être amené à pratiquer une épisiotomie pour prévenir une déchirure du périnée. Je ne m'y attarde pas volontairement. Peut-être suis-je bien tombée, mais l'expérience de mes trois accouchements et de nombreuses interviews de gynécologues m'ont montré que ces gestes n'étaient pas pratiqués à la légère, ou juste pour « faciliter le travail de l'équipe soignante », comme on l'entend souvent dire. Bien sûr, il existe des médecins obtus, arrogants, persuadés que leur façon de faire est la meilleure. Il ne faut alors pas hésiter à exprimer vos attentes et vos craintes, si vous estimez que certains gestes manquent « d'humanité » ou si leur nécessité ne vous est pas clairement expliquée. Mais sachez aussi faire confiance aux équipes. A priori, si elles sont là, c'est qu'elles aiment ce qu'elles font et cherchent avant tout à nous offrir le meilleur.

La patte de Brooklyn the Cat

Sur ce coup-là, la grande blonde et mon maître ont assuré, ils ont pensé à remplir nos gamelles de croquettes et d'eau avant de partir je ne sais où chercher leur petit machin soi-disant très beau. Si vous avez peur de zapper, ce qui pourrait se comprendre, mettez un Post-it sur votre valise.

8

Et s'il joue les prolongations ?

On a toutes en tête des histoires de bébés nés en pleine forme après être restés deux ou trois semaines de plus que prévu, bien au chaud dans le ventre dans leur maman. Mais en y réfléchissant bien, ces anecdotes datent un peu. Elles correspondent à une époque (pas si lointaine ceci dit, c'est notre génération) où les échographies étaient peu répandues et où il n'était pas toujours facile de dater avec précision le début d'une grossesse. Il y a fort à parier que les bébés en question étaient tout à fait dans les temps. De toute façon, aujourd'hui, aucun gynécologue ne prendrait le risque d'avoir un doute sur la date du terme : ce serait trop risqué de la dépasser.

Pourquoi ça peut poser problème ?

À l'intérieur, tout est prévu pour subvenir aux besoins du fœtus jusqu'au jour du terme. Au-delà, le placenta commence à moins bien remplir son rôle. D'un côté, il ne nourrit et n'oxygène plus aussi bien bébé. De l'autre, il évacue de moins en moins ses déchets. En réponse au stress subi, bébé émet prématurément ses premières selles – le méconium – qui épaississent et troublent le liquide amniotique, dont le volume commence par ailleurs à diminuer. Autre risque, un accouchement plus long et plus compliqué : qui dit terme dépassé, dit souvent bébé de plus de 4 kilos.

Mais pourquoi ne veut-il pas sortir ?

Non, il n'a pas peur de vous rencontrer ! Où allez-vous chercher des idées pareilles ? Vous avez lu ou entendu que ça venait de vous, parce que vous ne vous sentiez pas prête à l'accueillir ? Certains « spécialistes » avancent en effet cette hypothèse… qui n'a pour l'instant jamais été démontrée ! Seules certitudes pour l'instant : le phénomène concerne surtout les primipares et il pourrait avoir un caractère héréditaire. Si votre bébé tarde à pointer son nez, interrogez votre maman : peut-être vous-même avez-vous tenté de jouer un peu les prolongations dans son ventre ?

On fait quoi alors ?

Pour commencer, le médecin va reprendre toutes ses données afin de recalculer le terme. Pas de doute possible ? S'il s'avère que la grossesse est bel et bien à terme, différents examens vont permettre de s'assurer que bébé se porte bien. Le monitoring, pour

enregistrer son rythme cardiaque. Une échographie, pour mesurer le niveau du liquide amniotique. Et si votre col est suffisamment ouvert, une amnioscopie. Ce geste, parfaitement indolore, permet d'observer la qualité du liquide amniotique à l'aide d'un endoscope – un tube optique muni d'un dispositif d'éclairage.

Premier cas de figure : bébé va bien, rien ne presse

Le liquide amniotique est clair ? Bébé bouge régulièrement dans votre ventre ? Les résultats du monitoring et de l'échographie sont bons ? Si votre col est encore bien fermé, le médecin va probablement vous proposer d'attendre encore 2 à 3 jours et de laisser sa chance à la nature. Si vous voulez lui donner un petit coup de main, vous pouvez essayer l'acupuncture, l'haptonomie et/ou l'homéopathie (3 granules d'Actaea racemosa 9 CH et 3 granules de Colophyllum 9 CH, 3 fois par jour, à distance des repas). Je vous encourage aussi à marcher, danser et piquer de bons fous rires (voir p. 239, « Feel Good vidéos»). Autre option encore plus agréable si ça vous dit : faire l'amour. Les prostaglandines contenues dans le sperme stimulent naturellement les contractions utérines. Si vos mamelons sont stimulés et si vous avez un orgasme, votre câlin sera encore plus efficace. Cet « accouchement à l'italienne » ne marche pas à tous les coups, mais il a le mérite de passer le temps agréablement en attendant les premières contractions. (PS : ne me demandez pas d'où vient cette expression, « l'accouchement à l'italienne ». La réputation de *latin lover* de nos voisins transalpins, peut-être ?)

Deuxième cas de figure : mieux vaut faire sortir bébé sans trop tarder

Si l'amnioscopie montre un liquide amniotique verdâtre, c'est signe que bébé a émis ses premières selles – le méconium – et qu'il commence à être en souffrance. Il faut alors déclencher l'accouchement. Idem si la quantité de liquide est basse, le monitoring pas top, bébé moins actif…

- Si votre col est mûr, c'est-à-dire mou, effacé et un peu ouvert, que la tête de bébé appuie bien, on va vous administrer de l'ocytocine par perfusion. Cette hormone, en provoquant des contractions utérines, va faire démarrer le travail. Puis on rompra artificiellement votre poche des eaux. Rassurez-vous, ça ne fait pas mal et bébé ne craint rien.

- Si votre col n'est pas prêt du tout, il faudra d'abord lui appliquer un gel ou un anneau à base de prostaglandine pour accélérer sa maturation. Problème : une fois sur trois, le col ne réagit pas suffisamment et il faut alors faire naître bébé par césarienne.

PORTRAIT-ROBOT D'UN BÉBÉ POST-TERME

- Il est généralement plus grand et plus gros que la moyenne.
- Ses ongles sont longs mais encore bien mous.
- Sa peau est un peu grise, sèche et plissée, notamment sous ses pieds, comme s'il était resté trop longtemps dans l'eau. Elle ne présente plus aucune trace de *vernix caseosa*.

Annexes

Là, il faut consulter

Les complications sont rares mais elles existent. Connaître les principaux signes d'alerte permet de réagir vite et d'être prise en charge dans les meilleures conditions. Les symptômes listés ci-dessous nécessitent de consulter sans tarder votre gynécologue ou de vous rendre aux urgences de la maternité. Mais si d'autres choses vous inquiètent ou si vous vous posez d'autres questions durant ces 9 mois, il faut aussi en parler à votre sage-femme ou votre gynécologue.

- **Des saignements.** Au premier trimestre, tout saignement peut faire suspecter une grossesse extra-utérine ou une fausse couche. Il peut aussi s'agir d'un léger décollement des membranes ou du placenta, qui nécessite du repos et un nouveau contrôle échographique une semaine plus tard. Au cours des deuxième et troisième trimestres, les saignements font le plus souvent suite à un toucher vaginal ou un rapport sexuel : très riche en vaisseaux sanguins, le col utérin est plus sensible que d'habitude.

Tant que ces saignements sont de faible abondance, rosés et sans aucun autre symptôme anormal, tout va bien. Si bébé continue à bouger, qu'il n'y a pas de contractions utérines douloureuses, parlez-en simplement lors d'une prochaine consultation. Mais un saignement rouge foncé, la présence de caillots, doivent vous alerter.

- **Des maux de ventre.** Au premier trimestre, de violentes douleurs dans le bas-ventre peuvent être le signe d'une fausse couche ou d'une grossesse extra-utérine. Par la suite, il est normal de ressentir des tiraillements. Mais tout autre type de douleurs nécessite un avis médical.

- **Des œdèmes importants, notamment au niveau des mains, des pieds, du visage.** Il est normal de faire un peu de rétention d'eau. Mais si vous enflez exagérément, si vous prenez du poids rapidement sans raison, cela peut-être le signe d'une pré-éclampsie.

- **Des maux de tête inhabituels, une impression de mouches devant les yeux, des bourdonnements d'oreille** : ce sont aussi des symptômes de la pré-éclampsie.

- **Des démangeaisons sans éruption cutanée.** Généralement localisées au niveau des paumes des mains et des pieds, elles peuvent être le signe d'une cholestase gravidique. Ce dysfonctionnement du foie nécessite un traitement adapté.

- **Vous ne sentez plus bébé bouger.** Les dernières semaines de grossesse, bébé se sent à l'étroit et fait moins de cabrioles. Mais vous devez le sentir bouger au moins une fois par 24 heures. Si ce n'est pas le cas, stimulez-le un peu en caressant votre ventre de manière appuyée. Si bébé ne réagit pas, consultez rapidement.

- **Un choc, une chute.** Normalement, bébé est bien à l'abri, le liquide amniotique faisant office d'Airbag. Malgré tout, après avoir un reçu un choc sur le ventre, mieux vaut bénéficier d'une surveillance avec monitoring et échographie.

- **Une fièvre.** Il est indispensable d'identifier son origine et de la traiter car elle peut provoquer des contractions prématurées.

- **Des vomissements, et une diarrhée qui durent, surtout s'ils sont accompagnés de fièvre.** Il faut écarter toute cause infectieuse qui pourrait avoir des répercussions sur bébé.

- **Des brûlures quand vous urinez, des envies très fréquentes.** C'est probablement le signe d'une infection urinaire qu'il faut traiter par antibiotiques pour éviter d'éventuelles complications.

- **Une perte de liquide.** Même si les fuites urinaires et les pertes vaginales sont plus fréquentes pendant la grossesse, il faut s'assurer qu'il ne s'agit pas d'une fuite de liquide amniotique. Vous avez un doute sur la nature de vos pertes ? Si elles sont continues, transparentes et inodores, il s'agit probablement de liquide amniotique.

- **Des contractions douloureuses.** Il est tout à fait normal de ressentir des contractions durant la grossesse, parfois dès le 4e mois : l'utérus s'entraîne en vue de l'accouchement. Tant que ces contractions sont courtes, peu fréquentes et non douloureuses, tout va bien. Mais si elles sont rapprochées, douloureuses, s'accompagnent de bouffées de chaleur et d'une accélération du pouls, il faut impérativement s'assurer qu'elles ne provoquent pas une ouverture prématurée du col.

Dans mon armoire à pharmacie, il y a ...

- **Contre les légers maux de tête ou de dos** : du paracétamol. Ça marche évidemment aussi pour faire baisser la température. Mais n'oubliez pas : enceinte, toute fièvre nécessite un avis médical. Et j'insiste sur la notion de légers maux de tête ou de dos. Si c'est plus costaud, vous consultez aussi.

- **Contre les reflux :** du Gaviscon®, du Maalox®.

- **Contre la constipation** : du Normacol®, du Spagulax®, du Psylia®.

- **Contre les allergies** : du Zyrtec®, du Virlix®, de la Clarityne®, de l'Aerius®.

- **Contre les nausées et les vomissements** : du Donormyl®, du Primpéran®. Mais avant de passer à la manière forte, essayez les méthodes douces (voir p. 33, le chapitre « Et contre la nausée, je fais quoi ? »).

- **Contre les hémorroïdes :** une pommade comme Titanoréine® lidocaïne, Tronothane®, Rectoquotane®, Proctolog®.

- **Contre les jambes lourdes et les hémorroïdes** : du Daflon®, du Diovenor®, du Cyclo3®, du Veinamitol®.

- **Contre les saignements de nez** : des tampons hémostatiques.

Sans oublier quelques-uns des plus grands tubes de l'homéopathie :

- **Contre les nausées** : Ipeca 5 CH, 2 granules 3 fois par jour, à distance des repas.

- **Contre les reflux** : Robinia 5 CH, 2 granules 3 fois par jour, à distance des repas.
- **Contre les maux de dos** : Arnica 9 CH, 2 granules 3 fois par jour, à distance des repas.
- **Contre les hémorroïdes :** Aesculus hippocastanum 5 CH + Hamamelis 5 CH, 2 granules de chaque 3 fois par jour, à distance des repas.
- **Contre l'insomnie :** Coffea cruda 9 CH, 2 granules au coucher, à distance des repas.

PETITE PRÉCISION

Cette liste est très réduite et c'est intentionnel ! Vous avez là l'essentiel pour parer aux petits maux les plus courants pendant la grossesse. En dehors de ces cas, surtout, ne vous soignez pas toute seule.

Les mots à connaître

Albuminurie. Parfois aussi appelée protéinurie, cette analyse mensuelle permet de détecter la présence d'albumine dans les urines. Un taux trop élevé de cette protéine est en effet un signe de pré-éclampsie et doit donc être surveillé de près.

Aménorrhée. Entre nous, à chaque fois, j'ai un petit doute sur l'orthographe de ce mot signifiant « absence de règles ». Heureusement, en tant que futures mamans, on a rarement besoin de savoir l'écrire. En revanche, on le lit et on l'entend souvent car c'est celui utilisé par le corps médical pour dater le début de la grossesse. Pour connaître le terme avec précision, les pros préfèrent en effet se référer à la date du 1er jour des dernières règles, beaucoup plus précise que la date de la fécondation. Voilà pourquoi ils parlent en semaines d'aménorrhée (SA) et non en semaines de grossesse (SG).

Amniocentèse. Impressionnant même s'il est généralement indolore, cet examen consiste à prélever une petite quantité de liquide amniotique à l'aide d'une fine aiguille. Il permet de dépister avec certitude une éventuelle anomalie chromosomique, notamment la trisomie 21. Même s'il est impossible de blesser le fœtus avec l'aiguille, la ponction se déroulant sous contrôle échographique, l'amniocentèse peut provoquer une fausse couche dans environ 1 % des cas. Voilà pourquoi elle n'est pas prescrite systématiquement, ni obligatoire. Elle se pratique généralement entre 15 et 17 semaines d'aménorrhée.

Atopique. Quand vous entendez atopique, comprenez allergique, ou en tout cas plus prédisposé que la moyenne aux allergies. On parle ainsi de peaux atopiques, de terrains atopiques, de personnes atopiques…

Biopsie de trophoblaste. Le trophoblaste est le tissu qui deviendra le placenta à la fin du premier trimestre. Son examen permet d'étudier les chromosomes de l'embryon ou de rechercher certaines anomalies génétiques. Le risque de fausse couche est le même que pour l'amniocentèse (environ 1 % des cas), mais la biopsie de trophoblaste se pratique plus tôt, généralement entre 11 et 13 semaines d'aménorrhée.

Bouchon muqueux. Dans le top 3 des substances glamour sécrétées par notre organisme pendant la grossesse, nous avons donc le

bouchon muqueux. Le rôle de cet amas de glaires jaunâtres parfois teintées de filaments de sang ? Obstruer hermétiquement le col de l'utérus afin qu'aucun élément extérieur ne vienne contaminer le milieu stérile dans lequel grandit bébé. Le bouchon muqueux est généralement expulsé sous l'effet des premières contractions qui annoncent l'accouchement. Beaucoup de femmes sont alors surprises de découvrir d'épaisses glaires au fond de leur culotte. Mais la perte du bouchon muqueux peut aussi passer totalement inaperçue. De toute manière, rassurez-vous, ce n'est qu'un signe parmi d'autres que l'accouchement approche. Tant que le bouchon muqueux n'est pas accompagné de pertes de liquide amniotique et/ou de contractions rapprochées, inutile de vous précipiter à la maternité.

Cholestase gravidique. Heureusement rare, cette maladie apparaît généralement après 28 SA. Caractérisée par des démangeaisons sans éruption cutanée, notamment sur la paume des mains et des pieds, elle nécessite de consulter rapidement afin de mettre en place un traitement adapté. La cholestase gravidique malmène en effet le foie de la future maman. Dans ses formes les plus graves, elle peut même être dangereuse pour bébé.

Clarté nucale. Lors de la première échographie (entre 11 et 13 SA), le médecin mesure entre autres l'épaisseur de la clarté nucale (CN). Cette petite zone située à l'arrière de la nuque du fœtus et remplie de liquide n'est présente que durant le premier trimestre de grossesse. Ensuite, elle disparaît. Sa mesure est importante car statistiquement, une épaisseur de plus de 3 millimètres correspond à un risque plus élevé d'anomalie chromosomique, notamment de trisomie 21. Mais cela n'a rien de systématique. Les médecins combinent donc le résultat de cette mesure à un examen sanguin et à l'âge de la maman (triple test) pour déterminer si, oui ou non, des examens complémentaires de type amniocentèse sont nécessaires.

Colostrum. Il est sécrété par les seins juste après l'accouchement, jaune et épais. Il favorise l'élimination du méconium (voir plus bas, c'est le cas de le dire). Et surtout, il a des propriétés nutritionnelles et anti-infectieuses particulièrement bien adaptées aux besoins des nouveau-nés. Bref, le colostrum, c'est la version premium du lait maternel. D'ailleurs, il n'est fabriqué par les glandes mammaires que durant les premiers jours de l'allaitement. Son seul défaut ? Ses taches résistent aux lavages. Mais bon, ce n'est non plus comme si vous aviez prévu de porter votre plus jolie robe à la maternité.

Diabète gestationnel. Les hormones produites par le placenta ont la fâcheuse habitude de contrecarrer l'action de l'insuline. Le pancréas est alors obligé de mettre les bouchées doubles pour réguler le taux de sucre dans le sang. Quand il n'y arrive plus, la glycémie (taux de sucre) augmente. Ce diabète gestationnel, qui peut compliquer pas mal de choses pour maman et bébé, concernerait jusqu'à 13 % des femmes enceintes. Mais rassurez-vous, les médecins le surveillent de près et ils savent le dompter.

Épisiotomie. Même si c'est votre premier bébé, vous savez forcément ce qu'est une épisiotomie. Merci les copines et leurs récits d'accouchement tous plus flippants les uns que les autres ! Vous y aviez échappé, vous n'aviez jamais entendu parler de cette incision du périnée destinée à faciliter le passage de bébé ? Désolée. Maintenant, du coup, vous devez vous êtres peut-être en train de commencer à vous inquiéter.

Glycosurie. Cette analyse mensuelle permet de détecter la présence de glucose (sucre) dans les urines et donc de surveiller le développement d'un éventuel diabète gestationnel.

Gravidique. Est taxé de gravidique tout ce qui se produit durant la grossesse. Des nausées gravidiques, c'est pénible, mais ce n'est

pas grave. Une toxémie gravidique ou une cholestase gravidique, en revanche, sont des pathologies de la grossesse potentiellement graves.

Ictère. C'est le terme médical pour la jaunisse. Certains nouveau-nés en souffrent les premiers jours. Le plus souvent, cet ictère est sans gravité.

Lanugo. Ce fin duvet protège la peau des bébés durant la grossesse. Certains en ont encore parfois un peu à la naissance, mais rassurez-vous, ces vestiges de la vie *in utero* ne restent jamais bien longtemps. J'avais, paraît-il, de longs poils blonds sur les oreilles. Aucune trace pourtant de cette légende familiale dans les albums photos !

Liquide amniotique. Comme tous les mammifères, votre petit habitant se développe dans un sac amniotique où il baigne dans un liquide composé à plus de 95 % d'une eau riche en sels minéraux apportés par votre alimentation via le placenta. On y retrouve aussi des cellules fœtales et des protéines indispensables à la croissance de bébé. Le plus souvent, ce liquide finit par couler entre les jambes de la future maman, signe que la poche des eaux s'est rompue spontanément et qu'il est temps pour elle d'aller à la maternité. Mais contrairement aux clichés cinématographiques, « perdre les eaux » n'a rien de systématique. Certaines femmes, j'en fais partie, accouchent sans jamais inonder le salon ou leur lit. Et puisqu'il faut bien malgré tout percer la poche des eaux pour laisser sortir bébé, c'est la sage-femme qui s'en charge. Pas d'inquiétude : ce n'est pas dangereux et ça ne fait pas mal.

Lochies. Vos règles ne repointeront le bout de leur nez qu'environ six semaines après l'accouchement, voire un peu plus tard si vous allaitez. Vous allez malgré tout devoir glisser des serviettes hygiéniques ultra-absorbantes dans votre valise pour la maternité car vous allez saigner pendant plusieurs jours. Ne vous laissez pas impressionner par l'abondance de ces lochies mêlées de gros caillots et de débris de membrane placentaire : votre corps a simplement besoin de faire un peu de ménage après ces neuf mois de grands travaux.

Macrosomie. Vous n'avez jamais entendu ce terme ? C'est normal, il est employé pour désigner les bébés pesant plus de 4 kg. De un, ce n'est pas si fréquent. De deux, on parle plus facilement de « beau bébé » que de « bébé macrosome ». Rien de grave dans l'absolu. Mais les médecins préfèrent le savoir avant le jour J car ce poids au-dessus de la moyenne peut allonger la durée de l'accouchement, voire nécessiter une césarienne. Même si cela n'a rien de systématique. PS : les bébés macrosomes n'ont pas forcément plus de problèmes de surpoids que les autres en grandissant. Tout dépend de l'origine de ces quelques centaines de grammes en plus. Le pédiatre sera juste un peu plus attentif à l'évolution de leurs courbes de poids et de taille.

Méconium. Les premières selles de votre bébé vont être verdâtres et très collantes car elles contiennent du méconium, une substance sécrétée par son tube digestif à partir du 4ᵉ mois de grossesse. Les médecins accordent beaucoup d'attention à ce méconium. S'il est expulsé trop tôt dans le liquide amniotique, il expose bébé à un risque infectieux. À l'inverse, s'il n'a toujours pas fait son apparition dans les 24 heures qui suivent la naissance, un pédiatre devra examiner bébé pour s'assurer que son système digestif fonctionne bien.

Mélasma. C'est le nom médical du redouté masque de grossesse. Pour ne pas voir ces taches brunes envahir votre visage, protégez-vous bien du soleil.

Monitoring. Cette merveilleuse invention permet d'enregistrer à la fois les battements cardiaques de votre bébé et le rythme de vos contractions utérines. Cette surveillance est systématique durant l'accouchement. Mais peut-être aurez-vous l'occasion de porter cette ceinture munie de deux capteurs avant le grand jour : certaines sages-femmes font faire des monitorings de contrôle à leurs patientes quand le terme approche.

Périnée. Ce muscle souffre d'un terrible manque de (re)connaissance. Et pourtant on lui doit une fière chandelle. Un peu comme un hamac attaché devant l'os du pubis, derrière l'os du coccyx et sur les côtés des deux os du bassin, c'est lui qui soutient la vessie, le vagin et le rectum. Pour faire simple, quand on parle du périnée, on parle donc de cette partie hautement stratégique de notre anatomie située autour du vagin et de l'anus. Pourquoi hautement stratégique ? Parce que plus elle est tonique, plus elle limite les problèmes de fuites urinaires. De plus, la tonicité du périnée procure – et fait aussi que l'on reçoit – beaucoup de plaisir au moment des câlins. C'est aussi cette zone qui est susceptible d'être incisée au moment de l'épisiotomie.

Placenta. Formidable machinerie, le placenta va avoir une importance majeure tout au long de votre grossesse. Difficile d'énumérer ici toutes ses fonctions : via le cordon ombilical, il apporte à votre bébé tous les éléments nécessaires à son bon développement ; il évacue les déchets organiques produits par votre bébé ; il filtre les toxiques susceptibles de l'atteindre ; il produit des hormones préparant votre organisme à la lactation… Évidemment, après l'accouchement, il ne sera plus d'aucune utilité. Votre organisme, sitôt bébé sorti, cherchera donc à l'expulser. Et donc oui, il faudra encore pousser un peu : ça m'avait surprise lors de mon premier accouchement !

Praevia. Quand le placenta est inséré trop bas et recouvre le col de l'utérus, on parle de placenta *praevia*. C'est problématique car ce mauvais positionnement peut être à l'origine d'une mauvaise oxygénation du fœtus et il augmente considérablement les risques d'hémorragie et de prématurité. Quand le placenta obstrue partiellement le col de l'utérus, un accouchement par voie basse peut être envisagé. Quand il le recouvre entièrement, l'accouchement se fait obligatoirement par césarienne. Heureusement, cette anomalie est le plus souvent détectée à l'occasion de la première échographie, ce qui permet de mettre en place les mesures adéquates (surveillance rapprochée, repos, accouchement dans une maternité de niveau II ou III si nécessaire…). On ignore les causes exactes du placenta *praevia*, mais il semblerait que les grossesses tardives et des antécédents de curetage soient des facteurs favorisants. Environ 1 grossesse sur 200 serait concernée.

Post-partum. Le « post-partum », ou « suite de couches », est cette période pas toujours rigolote à vivre qui suit l'accouchement et dure jusqu'au retour de couches (les premières règles), soit environ six semaines. Les hormones s'affolent, le corps tente de retrouver ses marques. À la fatigue de la grossesse et de l'accouchement s'ajoute celle de nuits raccourcies… Pas étonnant qu'un petit baby-blues pointe souvent son nez au bout de 3-4 jours ! Rassurez-vous, ce surprenant vague à l'âme disparaît aussi vite qu'il est venu. En revanche, un petit nombre de jeunes mamans traversent une « dépression post-partum ». Prise en charge à temps, elle se soigne très bien. Pas question donc de s'accabler de reproches et de se renfermer sur soi si on se sent épuisée et totalement déprimée malgré la présence de bébé. Pour réussir à dépasser ce mal-être totalement indépendant de sa volonté, il faut se faire aider. Et donc réussir à en parler avec un médecin ou une sage-femme avec qui l'on se sent en confiance.

Pré-éclampsie. Environ 5 % des femmes enceintes souffrent de pré-éclampsie à partir de 20 semaine d'aménorrhée. Plus fréquente lors d'une première grossesse, cette pathologie due à une tension artérielle trop élevée est responsable d'un tiers des naissances de grands prématurés et d'un grand nombre de retards de croissance intra-utérin. Elle provoque encore environ 20 décès maternels par an. Mais si elle est dépistée et prise en charge à temps, elle se soigne bien. Il est donc important d'être attentive à ses symptômes : en cas de forts maux de tête, de bourdonnements dans les oreilles, de mouches devant les yeux, de vomissements, d'œdèmes importants, consultez de toute urgence. La prise de votre tension artérielle et une recherche de protéines dans vos urines permettront de savoir s'il s'agit ou non d'un début de pré-éclampsie.

Primipare. Un mot plutôt moche pour dire quelque chose de très joli : vous attendez votre premier enfant. Si vous remettez ça, vous passerez du côté des multipares.

Protéinurie. Parfois aussi appelée albuminurie, cette analyse mensuelle permet de détecter la présence d'albumine dans les urines. Un taux trop élevé de cette protéine est en effet un signe de pré-éclampsie et doit donc être surveillé de près.

Rétroversé. Bien souvent, on apprend qu'on a un utérus rétroversé de la bouche de son praticien à l'occasion de la première échographie, voire en lisant le compte rendu d'échographie, et ça s'arrête là. Pourquoi pas plus d'explications ? Parce que cette petite particularité anatomique (l'utérus est basculé vers l'arrière au lieu d'être positionné vers l'avant) touche environ 1 femme sur 5. Et que dans l'immense majorité des cas, elle n'a absolument aucune conséquence sur le déroulement de la grossesse ni de l'accouchement.

Salmonellose. Dans l'absolu, cette infection bactérienne d'origine alimentaire se solde par une grosse gastro-entérite. Rien de sympathique, mais rien de dramatique non plus. Sauf dans certains cas, dont la grossesse : la salmonellose peut être dangereuse pour le fœtus. Voilà pourquoi il faut cuire les aliments d'origine animale (poissons, viandes, produits laitiers, œufs) et bien se laver les mains avant de préparer les repas et de manger. Il faut aussi demander un avis médical en cas de symptômes de gastro-entérite afin de bénéficier, si besoin, du traitement adapté.

Spina bifida. Cette malformation embryonnaire – la mauvaise fermeture du tube neural, c'est-à-dire l'ébauche du système nerveux du fœtus – peut avoir des conséquences dramatiques (hydrocéphalie, paralysie des membres inférieurs et des sphincters…). En France, sa fréquence est de 0,5 pour 1000 naissances. Mais on le sait aujourd'hui avec certitude : la prise de vitamine B9 (acide folique) durant le premier trimestre fait considérablement diminuer les risques. Dans l'idéal, il faudrait même en prendre plusieurs semaines avant de tomber enceinte, c'est-à-dire commencer dès que l'on arrête sa contraception. Quand cette supplémentation est prescrite par un médecin, elle est remboursée. À noter : on trouve aussi de l'acide folique dans les légumes verts, les fruits, le foie, les oléagineux... Aucun risque de surdosage, donc mettez-en régulièrement au menu.

Rubéole. Comme toutes les maladies infantiles, il vaut mieux l'attraper enfant : ses symptômes n'ont alors rien de bien méchant (éruption cutanée, ganglions dans le cou, légère fièvre). Mais pendant la grossesse, la rubéole peut avoir de graves conséquences pour le fœtus. Heureusement, la plupart des femmes sont immunisées, soit parce qu'elles ont déjà eu la rubéole, soit parce qu'elles ont été vaccinées. Malgré tout, la sérologie de la rubéole fait partie du bilan sanguin prescrit sitôt connue la grossesse. Ce contrôle

permet de mettre en place une surveillance particulière pour celles qui ne seraient pas immunisées (sérologie négative).

Score d'Apgar. Dans les années 1950, l'anesthésiste Virginia Apgar a mis au point une méthode pour évaluer la santé des nouveau-nés et déterminer s'ils avaient ou non besoin de soins spécifiques, de type oxygénation. Ce score est si simple et efficace qu'il porte son nom. Il se base sur 5 critères, chacun notés entre 0 et 2, et observés par l'équipe médicale dans les minutes qui suivent la naissance : le tonus musculaire de bébé, ses réflexes, sa respiration, sa fréquence cardiaque, la coloration de sa peau. Le total des points est ensuite consigné au début de son carnet de santé. 10/10, c'est fréquent et c'est top, mais pas d'inquiétude : une note moins bonne ne présage pas forcément de problèmes particuliers en grandissant. Ce score n'a pas de valeur sur le long terme.

Tératogène. Attention, danger, car qui dit tératogène dit susceptible d'augmenter le risque de malformation fœtale : c'est le cas de nombreux médicaments, de certaines maladies maternelles (la toxoplasmose, la rubéole), des radios pendant la grossesse…

Toxoplasmose. En dehors de la grossesse et de problèmes au niveau du système immunitaire, cette infection parasitaire ne pose aucun problème particulier. Elle peut provoquer une légère fièvre, un peu de fatigue, des ganglions au niveau du cou… Mais dans la plupart des cas, elle ne donne aucun symptôme. Voilà pourquoi votre médecin va vérifier si vous l'avez déjà eue ou non via une prise de sang en début de grossesse. Si vous l'avez déjà attrapée, tout va bien, vous êtes immunisée, vous ne pouvez plus l'avoir. Si vous n'êtes pas immunisée, il va falloir prendre quelques précautions, c'est-à-dire éviter le contact avec la terre et les excréments de chats, potentiellement contaminés par le parasite. La toxoplasmose peut en effet contaminer le fœtus et entraîner des complications parfois graves.

Tranchées. Une fois bébé sorti, vous pensiez en avoir fini ? Et non ! Vous allez encore avoir des contractions pendant quelques jours, voire quelques semaines. Bizarrement appelées tranchées, elles permettent à l'utérus de retrouver peu à peu sa taille normale. Rassurez-vous : elles ne sont pas systématiques ; elles s'apparentent plus aux douleurs des règles qu'à celles de l'accouchement ; vous pouvez prendre du Spasfon® et du paracétamol pour les soulager, même si vous allaitez.

Vernix caseosa. Dans les films et les séries, les nouveau-nés sont livrés tout beaux tout propres. Dans la vraie vie, ils sont encore recouverts de toutes sortes de substances, dont du *vernix caseosa*. Cette substance grasse et blanchâtre n'est pas très photogénique mais elle protège leur fragile épiderme durant la grossesse et l'accouchement.

Votre dos vous en sera reconnaissant

Enceinte du petit koala, je faisais régulièrement des séances d'ostéopathie avec mon ami Thierry Hadjadj et il m'avait montré des exercices faciles à reproduire à la maison entre deux rendez-vous. Gardez-les dans un petit coin de la tête : quand votre dos sera en compote à force de porter bébé, ils vous sauveront la vie. Si si.

Avec un tabouret

Allongée sur le dos, les mollets posés sur un tabouret, les bras le long du corps, paumes de mains vers le plafond, épaules bien abaissées. Respirez profondément avec le ventre et restez ainsi aussi longtemps que vous en ressentez le besoin.

Pourquoi ça fait du bien ? Cette position détend formidablement le bas du dos et soulage les jambes lourdes. Je l'ai beaucoup pratiquée devant mes séries préférées.

Comme une grenouille

Allongée sur le dos, jambes serrées, genoux pliés, basculez le bassin pour bien coller le bas du dos au sol. Sur l'inspiration, écartez les genoux, en gardant vos plantes de pied l'une en face de l'autre. Sur l'expiration, tendez lentement vos jambes en gardant le plus longtemps possible les plantes de pied l'une contre l'autre. Répétez une dizaine de fois.

Pourquoi ça fait du bien ? Cet exercice draine et détend les deux psoas – ces muscles sont les seuls qui relient les jambes à la colonne vertébrale. Ils partent de chaque côté du haut des fémurs, rejoignent la hanche, traversent l'abdomen et s'attachent aux cinq vertèbres lombaires. Et ils ont bien besoin d'être soulagés : la grossesse leur demande beaucoup d'efforts.

En duo

Assise face au volontaire de votre choix, les fesses bien avancées sur votre chaise, vos genoux placés de part et d'autre des siens. Inspirez tranquillement puis, sur l'expiration, serrez les genoux tout en enroulant le bas du dos, comme si vous vouliez rapprocher le coccyx du bord de la chaise. Répétez une dizaine de fois.

Pourquoi ça fait du bien ? Dans le langage ostéo, vous décompressez le ressort vertébral et détendez la charnière lombo-sacrée. Dans les faits, ce mouvement d'ouverture vous permet de retrouver des sensations normales dans le bas du dos, lui qui vous donne sûrement le plus souvent l'impression d'être comme tassé, pincé.

À quatre pattes

À quatre pattes, genoux écartés à la largeur de votre bassin, la tête posée sur vos mains. Inspirez en laissant votre ventre se relâcher. Essayez de le rentrer légèrement quand vous soufflez. Répétez une dizaine de fois.

Pourquoi ça fait du bien ? Ce mouvement fait remonter un peu bébé, qui semble tout de suite un peu moins lourd à porter.

(PS : Relevez-vous toujours très doucement pour éviter d'avoir la tête qui tourne.)

Un automassage en bonus

Debout, pieds parallèles, genoux légèrement pliés. Placez vos mains de chaque côté du bas du dos. Avec vos pouces, massez doucement les points situés au niveau de vos fossettes sacrées, en faisant de petits cercles partant de l'intérieur vers l'extérieur.

Pourquoi ça fait du bien ? En favorisant le drainage veineux, cet automassage décongestionne le petit bassin et ça, surtout en fin de grossesse, c'est drôlement appréciable.

Feel Good vidéos

Neuf mois, ça peut paraître long, surtout quand on est obligée de rester allongée. Rien ne vous empêche d'en profiter pour vous (re)faire l'intégrale de *Game of Thrones*. Mais j'ai beau être fan, je vous déconseille fortement certains épisodes dans votre état… En revanche, pour dédramatiser, relativiser, fondre de tendresse, faire le plein de combativité ou éclater de rire, je vous recommande chaudement les œuvres suivantes. Liste éminemment personnelle et absolument pas exhaustive.

Le one woman-show *Mother Fucker*

Signé Florence Foresti, c'est un incontournable et pour moi son meilleur spectacle. Tous les sketchs sont cultes. Mon préféré ? Sa description du square. Si vous ne le savez pas encore, c'est un rite de passage quasi obligé quand on a des enfants en bas âge. Et c'est ce qui se rapproche le plus de ma vision personnelle de l'enfer.

Le sketch *La pote (reloue) enceinte*

Qui aime bien charrie bien. Tristan Lopin, tout juste trentenaire à l'humour incisif, doit beaucoup aimer ses copines pour décrire avec autant de talent et de tendresse leurs petits travers. La preuve avec son billet d'humeur sur les femmes enceintes, à retrouver sur sa chaîne You Tube.

La web série *Pères indignes*

Votre partenaire panique un peu à l'idée de se retrouver avec un bébé dans quelques mois ? Regardez ensemble Laurent, père amateur de Louise, et William, père presque confirmé d'Alice et Théo, expliquer comment « Masser son bébé », « Nourrir son enfant » ou « En finir avec les couches ». Ça aide à moins flipper.

Le film *Bridget Jones' baby*

Fan inconditionnelle, j'avais un peu peur d'être déçue par ce troisième volet, mais j'ai pleuré de rire à plusieurs reprises. Colin Firth et Patrick Dempsey sont à tomber, la BO est top, la vision de la grossesse et de l'accouchement est assez justes. Et quand on a vu les deux premiers 15 fois chacun, on prend un vrai plaisir à retrouver tous les personnages. Un seul bémol : Bridget Jones n'a physiquement plus grand-chose à voir avec la Bridget Jones d'antan. Du coup, on y croit moyen.

Le film *Le plan B*

Ne vous fiez pas aux ricanements émis par le (beau)-papa devant la bande-annonce. Je l'ai visionnée pour me rafraîchir la mémoire et ça m'a donné envie de revoir tout le film, mais ce sera sans lui. Oui, c'est plutôt un film de midinettes. Non, ce n'est pas le meilleur. Et alors ? C'est drôle et cela a le mérite d'aborder la grossesse sous un biais peu exploité par le cinéma : pour résumer, lasse de courir après l'homme de sa vie, le personnage de Jennifer Lopez (*Sa mère ou moi !*, *Shall we dance*) décide de faire un bébé toute seule, enfin… avec un donneur de sperme, et elle tombe sur le prince charmant en sortant du cabinet médical. Attention : la scène d'accouchement dans l'eau expose à un risque élevé de pipi dans la culotte.

Le film *Away we go*

Dixit monsieur, « Ça, ça ressemble déjà plus à un film. » Oui, c'est un très joli film, cette histoire douce-amère d'un jeune couple qui attend un bébé et se lance dans un voyage initiatique à travers les États-Unis pour trouver l'endroit parfait où fonder son foyer. C'est signé Sam Mendes (*American Beauty*, *Les noces rebelles*). John Krasinski (*Pas si simple*, la série américaine *The Office*) et Maya Rudolph (*Mes meilleures amies*, *Copains pour toujours*) sont parfaits.

Le film *MAGGIE A UN PLAN*

Je ne suis pas objective, je suis littéralement amoureuse de l'actrice principale, Greta Gerwig (*Frances Ha*, *20th Century Women*). Comme dans *Le plan B*, son personnage veut un enfant même si elle n'a pas encore trouvé son père. C'est moins hilarant, mais ça parle avec beaucoup d'intelligence et de sensibilité de la complexité des relations de couple.

Le film *Ange et Gabrielle*

Les critiques n'ont pas été tendres avec cette comédie romantique signée Anne Giafferi (*Fais pas ci, fais pas ça*, *La vie à l'envers*). Je me souviens pourtant avoir passé un bon moment en compagnie d'Isabelle Carré et de Patrick Bruel. Le pitch ? La première, maman célibataire, apprend que sa fille de 17 ans est enceinte d'un garçon qui ne veut pas reconnaître le bébé. Elle va donc tout faire pour que le second, grand-père du bébé en question, assume son rôle. Vous devinez la suite…

Le documentaire *L'Odyssée de la vie*

De la conception à l'accouchement, Niels Tavernier nous aide à percer, juste ce qu'il faut, les mystères de la grossesse. Les images recréées en 3D de la vie *in utero* sont magiques, le couple dont on suit la grossesse est très juste et très touchant. En voix off, l'inimitable Jacques Perrin.

Le film *The lunch box*

Parce que c'est le film que j'ai regardé lors de mon interminable test sur l'hyperglycémie provoquée par voie orale, parce que c'est un film indien d'une grande beauté et d'une grande poésie, et que je ne peux plus commander un curry au restaurant sans ressentir une légère émotion, liée à ce film et aux circonstances aux cours desquelles je l'ai vu.

Merci

Ma petite famille, pour tout et encore plus. Et bien sûr papou et manou, toujours prêts à venir à la rescousse les dernières semaines d'écriture, quand la nounou a été malade, quand le petit koala a été malade, quand j'ai été malade (sinon c'est moins drôle et après on n'a plus d'anecdote à raconter aux repas de famille).

Les éditions Leduc.s, et tout particulièrement Karine Bailly, Sophie Carquain et Aurélie Aminian, pour leur confiance et leur patience. Écrire un guide avec un bébé, deux ados, deux chats et un boulot à temps plein, c'était ambitieux niveau emploi du temps.

Les copines, pour leurs relectures, leurs encouragements, leurs témoignages. Amélie, Anne-Sophie, Carole, Isabelle, Fanny, Stéphanie & Co, je vous aime.

Jean Levallois, rédacteur en chef-adjoint de *La Presse de la Manche*, pour avoir laissé l'ado de 15 ans que j'étais alors faire ses premiers stages et écrire ses premiers articles.

Anne-Sophie Dupré *(Nous Deux)*, Catherine Lelièvre *(Parents)*, Dominique Pierrat *(Top Santé)*, Estelle Lefèvre *(Porphyre)*, pour m'avoir permis de débuter comme journaliste dans les meilleures conditions qui soient.

Le professeur Philippe Deruelle, gynécologue-obstétricien au CHRU de Lille et secrétaire général du Collège national des gynécologues et obstétriciens français, et le Dr Marie Pigeyre, médecin endocrinologue-nutritionniste rattachée au CHRU de Lille, pour leur expertise et leur disponibilité.

Le Dr Nina Roos, dermatologue, pour ses précieux conseils santé et beauté de la peau, que l'on peut retrouver sur son site www.monsitebeaute.com

Le Dr Michèle Misraoui, notre précieuse pédiatre, qui prend si bien soin du petit koala et a répondu présente pour relire les passages du guide concernant plus directement les bébés.

Nathalie Négro, diététicienne, responsable du Centre nutritionnel des thermes de Brides-les-Bains, pour sa relecture avisée.

Thierry Hadjadj, mon ami ostéopathe, et Séverine, de l'institut *Ma bulle bien-être*, précieuse praticienne en massage Amma, dont les mains savent si bien effacer les heures passées devant l'ordinateur.

La musique classique et le chocolat, pour m'avoir épaulée dans la rédaction de ce guide.

Et bien sûr vous. Rédiger ce guide m'a fait faire un grand voyage dans le temps et me rappeler des souvenirs parfois un peu mouvementés mais toujours émouvants. J'espère que vous avez pris autant de plaisir à le lire que j'en ai eu à l'écrire.

Sans oublier mon co-auteur Brooklyn the Cat et son soutien sans faille… quand il ne faisait pas la sieste.

Sources

- Le site de l'administration française, *www.service-public.fr*
- Le site de l'Assurance maladie, *www.ameli-sante.fr*
- Le site du Centre de référence des agents tératogènes, *www.lecrat.org*
- Le site de l'Agence nationale de sécurité du médicament et des produits de santé, *www.ansm.sante.fr*
- Le site de l'American Association for the Advancement of Sciences, *www.aaas.org*
- Le site d'Alcool Info Service. *www.alcool-info-service.fr*
- Le site de la Prévention routière, *www.preventionroutiere.asso.fr*
- Le site de la Leche League France, *www.lllfrance.org*
- Le site de l'Association française des diabétiques, *www.afd.asso.fr*
- Le site de l'Institut national de la santé et de la recherche médicale, *www.inserm.fr*
- Le site de la Haute autorité de santé, *www.has-sante.fr*
- Le portail des maladies rares et des médicaments orphelins, *www.orpha.net*
- Le site de l'Institut national de prévention et d'éducation pour la santé, *www.inpes.sante.fr*
- Le site de la Fédération française des diabétiques, *www.afd.asso.fr*
- Le site de l'association Césarine, *www.cesarine.org*

- Le site de la Commission de la sécurité des consommateurs, *www.securiteconso.org*
- Le site de l'Institut français d'hypnose, *www.hypnose.fr*
- Le site de l'Association française Chant prénatal musique & petite enfance, *www.chantprenatal.com*

Table des matières

Imprimé en France par CPI
en mai 2017

Dépôt légal : juin 2017
N° d'impression : 2029501